民国大文人

熊西平 著

国际文化出版公司
· 北京 ·

图书在版编目（CIP）数据

民国大文人 / 熊西平著 . —北京：国际文化出版公司，
2016.9
ISBN 978-7-5125-0874-3

I.①民… II.①熊… III.①文人—人物研究—中国—民国
IV.① K825.4

中国版本图书馆 CIP 数据核字（2016）第 196581 号

民国大文人

作　　者	熊西平
总 策 划	葛宏峰
责任编辑	潘建农
统筹监制	李　莉
策划制作	孟卓晨
美术编辑	秦　宇
出版发行	国际文化出版公司
经　　销	国文润华文化传媒（北京）有限责任公司
印　　刷	阳谷毕升印务有限公司
开　　本	880 毫米 ×1230 毫米　　　　32 开
	7.25 印张　　　　154 千字
版　　次	2016 年 9 月第 1 版
	2020 年 1 月第 2 次印刷
书　　号	ISBN 978-7-5125-0874-3
定　　价	45.00 元

国际文化出版公司
北京朝阳区东土城路乙 9 号　　邮编：100013
总编室：（010）64271551　　传真：（010）64271578
销售热线：（010）64271187
传真：（010）64271187-800
E-mail：icpc@95777.sina.net
http://www.sinoread.com

目　录
CONTENTS

蔡元培：新文化运动的船长

——蔡元培是新文化运动的孵化器

一

说新文化运动，说民国高等教育，说民国文人，都跳不过蔡元培。

现代教育史，大师辈出，让大学成其为大学，至今让人不时回首张望，成为中国高等教育的标高。

现代文学史，天空辽远深邃，群星璀璨，虹霓映天，至今仍在润泽亿万读者渴盼的心灵。

一个新旧交替的时代，一个风云动荡的时代，一个血与火交融的时代，教育与文学的繁华盛景，是如何形成的呢？

我们可以请蔡元培先生，让他智慧地转一转身，笑一下，怒一下，喜一下，哀一下，或许能够找到不少答案。

一脚踩在旧王朝的跳板，一脚踏上新时代的船头，蔡元培长衫飘飘，轻轻点篙，便风云际会，风光无限。

二

1916年12月25日，蔡元培赴任北京大学校长。

旭日晨光里，雀噪声声，校园门前异常安静，蔡元培心中却风云激荡，决心在这里发动一场革命。他四十九年的人生历程，似乎都是为这场革命做着不懈的准备。

1868年，蔡元培出生在抓把土攥攥就滴墨水的绍兴山阴县。他11岁丧父，过着寄居生活的蔡元培异常进取，17岁取秀才，22岁中举人，25岁中进士，被点为翰林院庶吉士。他在日薄西山的清朝科举路上一路奔跑，看上去前途无量。然而甲午战争，清王朝走上了拐点，蔡元培也急剧转身，辞了翰林，回乡办学。

1898年，蔡元培任绍兴中西学堂监督，接触新学，提倡新学，目光转向了海外。34岁，他代理上海澄衷学堂校长，后任南洋公学经济特科班总教习。

35岁那年，蔡元培开始转向教育与革命相结合的道路。同蒋智由等在上海创办中国教育会，任会长；创立爱国学社、爱国女学，任总理。

36岁时，创办《俄事警闻》。

37岁时，在上海组织建立了光复会。次年又将创建的光复会并入同盟会，成为同盟会的上海负责人。

蔡元培说："我国输入欧化，六十年矣。始而造兵，继而练军，继而变法，最后乃始知教育之必要。"

输入西方的大炮、技术已经六十年了，照样挨打，其原因是没有唤起民众。

谁能唤起民众？教育。他认定教育是救国的唯一出路。而教育，必须放眼世界先进国家的教育。1908年，在驻德公使孙宝琦的帮助下，他进入莱比锡大学学习研究心理学、美学、哲学等科类。以给人辅导中文维持生计。四年里，他编著了《中国伦理学史》等一批学术书籍。

1912年，中华民国临时政府在南京成立，他应邀回国就任教育总长。颁布了《普通教育暂行办法》，并主持制定了第一个《大学令》和《中学令》。他主张采用西方教育制度，废止尊孔读经等封建教育，确立民主教育新体制。二次革命失败后，他辞去教育总长，与李石曾等创办留法勤工俭学会，输送有志青年到欧洲求学，那些年轻人中后来有三个特别引人注目：周恩来，邓小平，陈毅。

三

　　蔡元培本是坚持不做官的。当初为让他"就范"教育总长，孙中山磨破了嘴皮子。这次就任北京大学校长是经教育总长提名，多少人以"非你莫属"相劝，他才带着坚定改革国内高等教育的宏愿从法国回到国内的。

　　如果没有北大的十年历程，那个翰林蔡元培怕早随着时光寂灭了。不过，蔡元培讲，他是来改革北大的，不是来北大当官的。颇有衙门做派的北大当时面临两大顽疾：一是守旧的教授把持学校，二是学生吃喝嫖赌不务学业。蔡元培一入学校大门，给列队欢迎的校工们还个脱帽鞠躬礼，大家都看傻眼了。

　　改革是没有硝烟的战争。打仗，必须有勇士，有大将。"延揽人才，清除积弊"，是首要的事儿。没有勇士大将，想革故鼎新只能是纸上谈兵。他有两个好参谋：汤尔和，沈尹默。

　　他选中了在上海办《新青年》的陈独秀。陈独秀是员虎将，刚猛威风，虎虎生风，虽八面之敌，毫无惧色。可陈独秀办报出身，还真没有什么大学的管理经验。他有点心虚，以办《新青年》为由推托。蔡元培步步紧逼，说这有何难？把《新青年》办到北大校园里，两不误。于是陈独秀携妻带刊住进了前门的旅馆里，蔡元培前去拜访，大冷天的，坐在门外一直等到陈独秀醒来。他们谈时事，谈担当，小旅馆里激情澎湃，热火朝天。他为陈独秀编了毕业于东京日本大学、曾任芜湖安徽公学教务长、安徽高等学校校长等假学历、假履历，提名为北大文科学长。获教育部批准后，他立刻将告示张贴在校门口。

陈独秀向他举荐胡适。胡适此时在美国刚读完博士，还没拿到博士学位，蔡元培照样让他"提前拿到博士学位"，邀请他回国任教授。胡适提倡白话文，《文学改良刍议》吹响了新文学的号角，也加速了蔡元培的心跳。等到十年后胡适正式拿到博士学位时，他的"胡博士"早叫响了全国。

蔡元培、陈独秀、胡适都属兔，一个比一个大一轮。北大的"三只兔子"聚义，揭竿"造反"条件具备。"三只兔子"拯救北大，成了中国教育史上的佳话。

他请来了周作人做"储君"，还请来了刘半农这个"鸳鸯蝴蝶派"小说写得很溜的白话作家。钱玄同从千军万马围困的旧营垒杀出，当是新文化招降的第一战果。"二疯"钱玄同是"章门"第二弟子，他和黄侃都是章太炎的得意门生。他投身新文化，背上重叠着章黄唾弃的"叛徒"二字。钱玄同不避斧钺，不避钉子，拉出了寂寞的战士周树人来。曾想，没有钱玄同，会有"鲁迅"么？

《新青年》做堡垒，开始核裂变，起爆两千年来的旧文化，旧道德。

《新青年》做阵营，让北大成了新文化、新道德的策源地，起跑线。

四

蔡元培大智大慧，他要破坏，他更注重继承、创新、拿来。他知道大学是学术精研之地，不是军营，一通炮响，灰飞烟灭了事。

他主张"思想自由，兼容并包"的办学理念。世界有多大，人有多丰富，大学都应该能承载，能体现。

于是，扎小辫的辜鸿铭再次被聘用，对新文化骂声不绝的黄侃继续边讲边骂，因"善变"而满身道德污点的刘师培仍被请上讲坛，孤独而深邃的鲁迅被聘为讲师。多谈"主义"少谈"问题"的李大钊受到重视，昆曲艺术家吴梅课堂上拍曲……各派人物异彩纷呈，各种思想火花迸溅，各类角色各得其所。北大就是辽远的天空，什么样的星星都能熠熠闪烁。但是，改革，改造，"地倾东南"的总体方向，蔡元培牢牢地掌握着。

他每月拨2000块大洋，支持北大师生共同建立"新潮社"，办《新潮》文学月刊；他一手缔造的"新闻研究会"是中国最早的新闻组织；他让"马克思主义研究会"办在他的隔壁；自由主义、无政府主义都有生长的空间……

他要把北大办成"大学为纯粹研究学问之机关，不可视为养成资格之所，亦不可视为贩卖知识之所。学者当有研究学问之兴趣，尤当养成学问家之人格。"什么样的学问家，都可以在这里翱翔，只要是真学问。

蔡元培以大襟怀，大气派，大容量，巨大的掌控能力，把无所不包的思想人物包揽其中，让他们光芒四射。

五

蔡元培十年北大，中国局势动荡黑暗，正是所谓"城头变幻大王旗"的北洋政府统治时期。这样的背景下，想要变革一所大学，改造社会，无疑需要大智大勇方能成事，否则逆风翱翔，极易折戟沉沙。

蔡元培七次辞职，便是斗智斗勇的奇招。

蔡元培要求学生"读书不忘救国，救国不忘读书，核心是读书"。他既不是"主义"至上者，也不提倡学生读死书，他希望校园里既响彻"风声雨声读书声"，也关心"国事家事天下事"。教师学术救国，学生读书报国。

1919年"五四运动"是学生的爱国运动，是以北大学生为主体的中国青年知识分子第一次集体登上政治舞台。中国历史掀开新的一页，蔡元培的手指蘸着启蒙的印台。学生运动震怒北洋当局，据传，北洋政府要解散北大，总统徐世昌要严办北大校长，安福系军阀要刺杀蔡元培，陆军次长徐树铮已命令军队将炮口对准北大……蔡元培毫无惧色，联系社会各界，极力营救被捕学生。

等学生都脱了囹圄之灾，5月9日，蔡元培提出辞职南下，保全北大，保护学生。13日，北京各大学校长一起递交辞呈，声援蔡元培。整个社会舆论沸腾，挽留蔡元培，挽救北大。政府迫于压力，没有批复蔡元培的辞职申请，他不得已而复职。他后来解释说，"但被拘的虽已保释，而学生尚抱再接再厉的决心，政府亦持不做不休的态度。都中宣传政府将明令免我职而以马其昶君任北大校长，我恐若因此增加学生对于政府的纠纷……不可以不速去。"

6月15日，蔡元培发布《不愿再任北京大学校长的宣言》："我绝对不能再作不自由的大学校长：思想自由，是世界大学的通例。"由于北大师生极力挽留，蔡元培答应只做北大"师生的校长"。

曾有人说，蔡元培在北大七次辞职，可冠以"辞职校长"之衔。

是的，1917年7月，为抗议张勋复辟，给黎元洪大总统施压，他提出辞职。第二年，为抗议《中日共同防敌军事协定》的勾结日本行为，他向大总统提出辞职。1923年春，为抗议教育总长彭允彝对北大曾任教授罗钧任的迫害以献媚军阀的勾当，他提出辞职，并在上海《申报》发出《关于不合作宣言》，文中说，在黑暗恶劣的时局前知识分子要懂得进退。

蔡元培每次提出辞职，都是出于对人权、法制、思想自由的维护，"不合作"是他的武器，也是他的策略。

蔡元培深孚众望，后院安定，每次提出辞职都达到了目的，施压政府，巩固民主，维护民权，推动社会进步，保护了新文化运动的成果。

六

"自由、民主、博爱"是蔡元培带回中国并实施于大学教育的精神内核。"我可以不赞同你的观点，但我誓死捍卫你说话的权利！"人权和自由，尽在其中。"兼容并包"实际上是捍卫言论自由、思想自由的高度概括。蔡元培让大学这块精神高地，在中国最早放射出争辉世界的光芒，让当时世界一流的大学校长，跷指点赞。

论学术水平，蔡元培不算大师级。1949年以前出版的他的学术著作12种，全部署"蔡元培编"或"编纂""编著"，这固然显示了他学术态度的澄澈，也可见出其学术有欠深研。他让那些大师猛将们钦敬，除了他的学术眼光高远之外，他的治校取胜之道在于"民主"和"不贪"两件法宝上。

1912年他制定的《大学令》中，即已确立了"教授治校、民主管理"的大学校务管理原则，规定大学设立评议会，各科设立教授会。

这些法规的实质是民主管理。

蔡元培就任北大校长后，开始躬行自己制定的法令，一切权利归于教授。他很快组织了评议会，评议会为全校最高的立法机构和权力机构，凡学校重大事务都必须经过评议会审核通过，如制定和审核学校各种章程、条令，决定学科的废立，审核教师学衔，提出学校经费的预决算等。各科成立教授会，由各科的教授公举教授会主任，分管各学科的教务，规划本学科的教学工作。

"教授治校、民主管理"让新派教授满意，让旧式学者尝到了权利和义务并举的滋味，皆大欢喜。

新文化不是口号，不是说教，而是一举一动踩响的鼓点，一颦一笑眼角的眉影，嗅一嗅，全新的花香气息。

"不贪为宝"，是古训，也是国粹。民主是治贪良策，将自己置身于民主管理之下，无异于做一个通体透明"裸官"。无欲则刚。欲，需要，是民主的政治，而不是金银叮当的碰撞。对于蔡元培来说，有欲也刚。

蔡元培一生做了几十年高官，位重禄厚，但是终生没有财产积累。对学生，对熟人，他是及时雨；而对自己，到了家无余财的地步。曾任北大教授、后任武大校长的王世杰在《追忆蔡元培》中回忆："蔡先生为公众服务数十年，死后无一间屋，无一寸土，医院药费一千余元，蔡夫人至今尚无法给付，只在那里打算典衣质物以处丧事，衣衾棺木的费用，还是王云五先生代筹的……"

蔡元培孙女蔡磊砢对祖父的廉洁陈述更具体："祖父一生

没有房产，房子都是租住的。他担任中央研究院院长后，应酬较繁，开销亦大。其部属眼见他的薪水是入不敷出，就在他原有的薪水之外，多加给二百元。他领薪时发现了此事，就问主管发薪的人。弄明白情况后，他当场退还了多对发的钱，叮嘱发薪人，一切要按规定办理。"他说，生活苦不要紧，但守法必须要严格做到！

老辈学人，建房置屋的不多。他们小家生活，国事舍我，把民族大义、理想追求、国家担当，看得高于一切。荣辱与金钱无关，沉浮与职务无碍，视金钱如粪土，觑名利如浮云。民国文人的种种清风士气，每每读之，令人感慨不已。

七

国民政府奠都南京后，蔡元培卸任北大校长，主持教育行政委员会、筹设中华民国大学院及中央研究院，还曾兼任国民政府委员兼监察院院长。1940年病逝于香港。

蔡元培所任的每一种职务对一个常人来讲，都值得一提。但是，他身上的永久的标签与符号是北大校长与新文化运动。

北大是新文化运动的"蔡营"，才能让八方星宿奔聚，猛将如云，形成合力。

蔡元培是以北大为"山头"的统帅，招贤纳士，革故鼎新，把大学建成民族的高塔、航标，指引未来的方向。

蔡元培逝世后，蒋梦麟献挽联"大德垂后世，中国一完人"，吴稚晖献挽联"平生无缺德，举世失完人"。真正的"完人"是卓越于当世，贡献于未来的人。

新文化运动的航船行驶近百年了，它为中华民族史册打开了崭新的一页。当我们纪念新文化运动百年的时候，一定会让蔡元培再起身一次，给我们迷航的大学教育和知识分子群体呈现出一个真正的楷模。

对于蔡元培的纪念，应该不只是在他的诞生和逝世多少年，而应该在新文化运动所走到的每个关键节点上。

蔡元培是一支响箭。箭还在空中飞，让他慢点飞，我们好侧耳谛听。

陈西滢：背叛与包容

——陈西滢的"小气"与"大器"

一

在现代文学的前二十年里，鲁迅贡献是多方面的，其中之一表现为对同时期作家的推介普及。

当然，这样的推介，有点好玩儿，像扔砖头打狗，却碰掉了树上大红枣子的意味儿。

多年前，读高中，从他的文章中知道了梁实秋、陈西滢、胡适、杨荫榆。那个时代，没有鲁迅，我们无法知道他们。他用刀笔，剥下了他们"反动的""资产阶级的""丧家的""乏走狗"的华丽外衣。读"文革"选编的《鲁迅杂文选》，注释的篇目老长，几乎把那些年的作家一网打尽，提上岸，抖抖水，网兜里都是癞蛤蟆。

时间是把好手，能帮"咸鱼翻身"，渐次打开窗子，却原来姹紫嫣红开遍，并不是只有一棵两棵枣树，在黑夜里挺拔着。

爱说"闲话"的陈西滢板结的背影解冻，转过脸来。陈西滢传，不再由鲁迅撰写。

陈西滢原名陈源，1896年出身在江苏无锡的一个读书人家庭。父亲陈仲英是个文化人，做教育和编辑工作。他有个在民国了不得的表叔吴稚晖，一看"孺子可教"，便把他送到欧洲去留学。中学，大学，博士，都是在欧洲读的，这就将一个中国孩子练成了欧洲成人，学问气派，绅士风度，莫不英国模样。他不熟悉中国，与其说是对中国陌生，不如说对中国的人情世故陌生。他回中国，像走亲戚，而不像是回家。所以，做不好、看不惯中国人的习气，这便有了"正人君子""欧洲绅士"之说，成了反讽的靶子。从这个意义上说，陈西滢背叛了。吴稚晖成全了陈西滢，也毁坏了陈西滢。

1922年，陈西滢取得博士学位，应蔡元培校长邀请，做了北京大学的英文教授，时年26岁。

二

陈西滢初入北大，没什么卓越之处可言。当他成为鲁迅的靶子，或者说，对垒鲁迅的时候，他回国不过一年多。北大教授温源宁为北大教授画像的散文集《不够知己》里对陈西滢有惟妙惟肖的描绘："体型消瘦，中等身材，面色苍黄。一坐上椅子，他就百事可为，可以说话，可以阅读，可以讲课，我甚至想说，还可以打一架。他这种久坐不起习惯，竟然把他的躯体培育成了一个大大的问号。"

这个中国的"外国人"没有像辜鸿铭那样，一脚踏上中国的土地，扑通跪倒在中国烂泥文化面前，紧抱怀里，磕头不止。

他主编欧美同学会会刊《现代评论》，倒让他留下了大名声，而名声"糟"在女师大"风潮"上。

1925年春夏，女师大学生掀起驱逐校长杨荫榆的所谓"驱杨运动"，鲁迅兄弟等七教员积极参与支持。鲁迅、周作人、钱玄同等人撰写了大量谴责、嘲讽、抹黑杨荫榆的文章，掀起了一波又一波"倒杨巨浪"，报刊热热闹闹，整个北京教育界为之震动。

管理何罪之有？陈西滢有疑问，便插笔进来，说公道话，写了《粉刷毛厕》等"说三道四"："《闲话》正要付印的时候，我们在报纸上看见女师大七教员的宣言。以前我们常常听说女师大的风潮，有在北京教育界占最大势力的某籍某系的人在暗中鼓动，可是我们总不敢相信……这是很可惜的，我们自然还是不相信我们平素所很尊敬的人会暗中挑剔风潮……"他认为七教员"未免太偏袒一方，不大平允"。

关于这场论战，周作人在给凌叔华的信中曾这样说："……不久女高师风潮起来，《现代评论》援助校长杨荫榆，《语丝》则站在学生一方面便开始了激战，鲁迅则更是猛烈。"

"某籍某系"是个忌讳，那时北京教育界、文学界的主要战将差不多都是浙江人，包括蔡元培，包括陈西滢的好友徐志摩。这一提倒提醒人们，陈西滢如此卖劲地为杨荫榆叫喊，莫不是因为他们都是无锡人吧？如此，公道便不公道，公理便不公理，绅士便不绅士，君子便不正人了。"他其实根本不认识杨荫榆，只是觉得学生不应该整天出去游行，他也看不过去学生们总是嘲笑杨是个老姑娘，所以要写文章替她说话"。鲁迅于是便一路呼喝地骂过来。我们印象最深的名言便是"公理"，"婆理"，"正人君子者流"之类。"欧美系"跟"日系"不同，认为骂和战都有失君子风范，讲理甚于骂人。可看看"某籍某系"太过，赤焰太甚，偏离了"公理"，"绅士"胡适、徐志摩、李四光、丁西林、陈翰笙、王品清等便来"呐喊"助阵，双方呈胶着状态。

女师大风潮过了，杨荫榆回无锡去了，一个既是欧美系又是"某籍某系"的蔡元培等出面调和，都感到论战下去没什么意思的双方才鸣金收兵。

后人助阵"某籍某系"，认为鲁迅（其实是一班子人）骂倒了陈西滢，事实并不如一些人鼓吹的那样。

女师大风潮，北京示威学生砸了教育总长章士钊的宅邸，毁坏了他的大量收藏，鲁迅为之叫好。隔年"三一八"示威学生，冲击总统府后，再去冲击段祺瑞的吉兆胡同住宅，遂酿惨案。

女师大风潮过了，鲁迅和陈西滢硝烟再起。

周作人推荐凌叔华的小说《中秋晚》给《晨报》副刊，为隆重推出，编辑徐志摩将凌叔华的临摹画误注为创作；又传《花之寺》有模仿契诃夫的嫌疑，一时议论纷纷。陈西滢当时和凌叔华正地下恋爱，便挺身护花。他以为捣鬼者与鲁迅有关，便撰文指出《中国小说史略》抄袭了日本学者盐谷温。这个说法学界早在暗传，只是没人愿意惹这尊"师爷"而地下流言而已，头脑发热的陈西滢将它黑纸白字了。鲁迅边解释，边挞伐，两人便结下了梁子，卷入的人越来越多，直到胡适出面说话，才战火稍熄。

作为作家的陈西滢，随笔有浓浓的欧洲风格，正如他的思想深受英国绅士精神浸润一样。作为文学理论的大家梁实秋把鲁迅、周作人、胡适、徐志摩和陈西滢并列，赞为"五四以后散文五大家"。

他的女儿陈小滢评她的父亲温和、宽厚，但因他的文风和说话方式，使得不少人误读了他。可他不怕误读，我行我素，秉持学者良知。在《新文学运动以来的十部著作》中，他对"宿敌"鲁迅作品仍持公允的评价："新文学的作品，要算短篇小说的出产顶多，也要算它的成绩顶好了。我要举的代表作品是郁达夫先生的《沉沦》和鲁迅先生的《呐喊》……鲁迅先生描写他回忆中的故乡的人民风物，都是很好的作品……到了《阿Q正传》就大不相同了。阿Q不仅是一个type，而且是一个活泼泼的人……将来大约会同样不朽的。"

1949年后，《闲话》在台湾出版，他坚持把涉及鲁迅等人的文字删去。梁实秋深为感慨："我提议在台湾把《闲话》重印，他欣然同意……删去的一部分，其实是很精彩的一部分，只因时过境迁，对象已不存在，他认为无需再留痕迹，这是他的忠厚处……"

他活着时就原谅了他曾经的敌人。

他自己好像没有私敌。

四

1924年5月，泰戈尔访华，陈西滢结识了凌叔华。

1900年，凌叔华出身于高门巨族，父亲举人出身，是袁世凯的干将，家资巨富，广有人脉。凌叔华在她一大堆兄弟姐妹中，以绘画的天赋，受到父亲重视。凌叔华有文学追求，在燕京大学读书时，和同学冰心、林徽因被称为"文坛三才女"。

泰戈尔访华是当时中国知识界的一场华丽大派对，从蔡元培、梁启超、林长民到逊位皇帝以及北京的各大学，都兴奋异常，接待、会见、宴请，不亦乐乎。

凌叔华代表燕京大学写信邀请诗翁到访学校，接着在府邸招待泰戈尔，凌府以现磨的杏仁茶、新鲜精美的点心，款待诗翁。凌府的气派，穿梭于百花中的燕子一样烂漫的凌叔华，都给泰戈尔留下了美好印象。以至于大画家齐白石招待泰戈尔也借用凌府。当时林长民带着林徽因参与了接待，泰戈尔对徐志摩说："凌比林有过之而无不及"。

陈西滢代表北大参与接待，徐志摩是贴身翻译，一场文化交流活动中，情男情女们便演绎出了多少美好而扑朔迷离的故事。

徐志摩谈文学谈爱情，繁花一般给凌叔华写了80多封信。半戏半情，一场游戏一场梦，凌叔华后来坚决否认他们在谈恋爱。因口吃而言辞不爽的陈西滢挥洒文学的花雨，收获了凌叔华的爱情。当然，这里面还夹杂着陆小曼的惊艳和林徽因的眼波。

凌叔华像每一个浪漫的女子一样，对爱情的甜蜜有着无限憧憬。她曾写信给胡适吐露自己的美好期待："在这麻木污恶的环境中，有一事还是告慰……这原只是在生活上着了另一种色彩，或者有了安慰，有了同情与勉励，在艺术道路上扶了根拐杖……"

可陈西滢没有给她铺开鲜花的道路，他不懂国情，不通世故，一支笔战下来，树了不少敌人；一些朋友，也没能够密切地交往好。在中国，没有"大智慧"，做人很难的。这是婚后凌叔华的感受。

1928年10月，陈西滢应好友武汉大学校长王世杰邀请，辞去北大教职，与凌叔华一道到武大任教授。1930年，接任闻一多的文学院院长职务。

武汉冬冷夏热，凌叔华不适应，更不适应的是脱离了大家闺秀身份去脚踏实地地过日子，写作绘画的梦幻与现实琐细的矛盾，时时逼迫着她，生活是两扇磨，研磨着每一个红尘中人。陈西滢无法帮助凌叔华想留学法国发展绘画的愿望。所以，孤寂落寞中"一冬惝惝的白过了"。

不过，很快袁昌英来了，苏雪林来了，她们都是活跃于文坛的女作家，同气相求，白浪相击，珞珈如画，凌叔华很快从苦闷中走向创作的旺盛期，成了"新月派"创作的主将之一。她受聘主编《现代文艺》，尽显神通，把胡适、徐志摩、沈从文、苏雪林、袁昌英、冰心、朱光潜、朱湘、卞之琳、巴金、戴望舒等一批名流拉入《现代文艺》创作阵营，极大地提升了《现代文艺》的知名度。这是凌叔华最璀璨的年华。

同是大家闺秀，凌叔华没能像林徽因那样，执着于自己的学术追求，卓有建树；没能像冰心那样，沉醉于文学创作，独具风采；没能像林徽因在爱的围剿中，应裕自如；没能像冰心挚守爱情，温婉如一。她在寻找童话的婚姻，可白雪公主和白马王子从来只存在于纸面书写和梦幻的讲述之中。婚姻更需要踏踏实实的态度。

一个白马王子出现了，骑一把扫帚。他是27岁的英国诗人、画家，名叫朱利安·贝尔。

贝尔的母亲是画家，姑姑是作家，在英国都享有盛名。才华横溢，激情迸发的贝尔，应陈西滢之邀，来武汉大学任教。然而，意外的是，文学绘画，竟发酵了凌叔华和贝尔的关系，他们很快双双坠入爱河。

贝尔信中告诉他母亲，这是他第11个女友，而对于凌叔华来说，可能是她绵绵私藏的情愫之外，第一次尝到了爱的甘甜，超越与陈西滢沉闷婚姻之外的飞翔。他们走得很远，走到整个武汉大学只有陈西滢被蒙在鼓里的地步。东窗事发后，贝尔回了英国，战死在西班牙战场。两人留下的巨大的阴影凌叔华一个人背着。

陈西滢默默冷处理这件事，后来人们在他给贝尔的信中读到了谴责："你不是一个君子！"

五

抗战时期，陈西滢面临最大困窘。父亲在无锡被日本人炸死，母亲和妹妹（陈汲——后为竺可桢夫人）相随，物困，情困，让陈西滢这个沉闷的男人更加沉闷了。他甚至有一段失业的时光。

1942年，陈西滢赴英国，主持中英文化协会工作。三年后，陈西滢帮助凌叔华获得比利时大学艺术讲师教职。凌叔华和女儿赴英国团聚。

1946年底，联合国教科文组织在巴黎成立，陈西滢被委任为首席常驻代表。

1964年1月，中法建交，陈西滢以联合国中国代表的名义，独守巴黎乔治五世大街11号"使馆"联络处。1966年3月，法国政府要求台湾当局交出"使馆"，陈西滢当场昏厥。1970年3月29日，陈西滢病逝于伦敦，后归葬无锡。

凌叔华到欧洲后，四处讲学，讲文学，讲绘画，和陈西滢聚少离多。1990年，病逝于北京，和陈西滢合葬于无锡。

1968年，他们的女儿陈小滢从伦敦出版的一本朱利安·贝尔的传记中偶然知道朱利安与母亲的恋情。陈小滢不相信，把书带回家给父亲，陈西滢默然以对。

一次外出，陈小滢问父亲"这是真的吗？"他说："是。"

她又问，为什么要和母亲结婚？发生了这么多事情之后，他们为什么仍然在一起？

他沉吟了一下回答："她是才女，她有她的才华。"就这么一句话，然后慢慢站起来，回到汽车里。

陈寅恪：黯淡的夕照斜阳
——陈寅恪在岭南的凄惨晚景

一

1949年，毛泽东访问苏联，斯大林问毛泽东："贵国的陈寅恪先生现在怎么样啊？"毛泽东环视一下随员，没人知道。他说："回去打听一下吧！"原来，斯大林在他的《论中国革命问题》一书里，多处引用了陈寅恪著作中的材料。享誉世界学界的陈寅恪的许多观点深刻地影响了斯大林对中国的了解。

陈寅恪在学界的大哥大地位，蒋介石心里很有数。1948年底，国民政府败退前拟定了一个"抢救学人计划"，陈寅恪赫然在前。解放军包围北平，蒋介石从南京派飞机，冒险飞临北平接走了胡适和陈寅恪。蒋介石亲自登门抚慰，劝陈寅恪到台湾去。陈寅恪婉言拒绝。国民政府广州"战时内阁"教育部长杭立武不失时机地动员陈寅恪去台湾，已经移身广州的陈寅恪表示再观察一下时局再说。杭立武许诺，去香港也行，先给10万港币做安家费，再给一套洋房。陈寅恪说，哪也不去了！最后落脚岭南大学（后并入中山大学）当教授。

在当时的史学界，陈寅恪的学问可以说是高峰的高峰，会十几种语言，研究贯穿文史，每有见解必不凡俗。"北大舵手"郑天挺教授赞誉陈寅恪是"教授中的教授"。北京大学代校长傅斯年说："陈先生的学问，近三百年来一人而已。"胡适对他评价："陈寅恪治史学，当然是今日最渊博、最有识见、最能用材料的人。"狂人刘文典教授对陈寅恪推崇备至，说西南联大只有两个半教授，陈寅恪排第一。

二

斯大林过问了陈寅恪之后，陈寅恪被格外关注。他有眼病、腿病，周恩来总理还曾过问医院的治疗方案，并派专人看望。陈毅、郭沫若、胡乔木等政要都到中山大学去拜访过他。中南局书记、广东省委书记陶铸对陈寅恪更是体贴入微，多次登门看望他，送去党的关怀，把陈寅恪门前的小道漆成白色，两旁装上精致的扶手护栏，以免视力微弱的陈先生滑跌；并委派了三名年轻的护士专职护理，体检看病是经常的事情。"陈寅恪小道"成为一时美谈。学校也特别体谅他身体和年龄带来的不便，他讲课可以不上课堂，在自家的走廊里挂块黑板讲课，学生坐在走廊里自带凳子听课，成了中山大学独具的风景。

陈寅恪像南国高大的木棉花一样抢眼。

1949年，陈寅恪的去留，备受各界关注，有一定的风向标的影响。可以毫不夸张地说，陈寅恪留在大陆是共产党获得的意外瑰宝，视为和氏璧也毫不为过。他学问如何已不重要，他的象征意义远远大于实际作用。对于当局的这些温暖，陈寅恪笑纳了，但是，他似乎并不怎么领情。

陈寅恪一生视"独立之精神，自由之思想"比生命还要宝贵，孜孜追求的是学术的自由空间无限之大，誓言："思想之不自由，毋宁死耳。"他曾为梁启超在清华大学的委屈对着校长曹云祥拍案而起，逼着曹云祥辞职；他曾经对日本鬼子在香港对他的威逼利诱坚辞拒绝；他曾对蒋介石总统规劝他去台湾的拜访报以沉默。他是个学术和思想自由到恣意无忌的人，留教岭南大学后一次聚餐，对曾主张"全盘西化"的校长陈经序拿筷子吃饭笑娱："陈校长，你的'全盘西化'是假的，我的'全盘西化'才是真的。"原来多年留学海外的陈寅恪一直吃面包喝牛奶。

才高气傲的陈寅恪曾赋诗自道："一生负气成今日，四海无人对夕阳。"留学时拒绝胡适的帮助；抗战时拒绝日本人的巨额献金；拒绝随蒋去台；拒绝当中科院历史二所所长；拒绝"文革"红人康生的求见；拒绝对他即将出版的《金明馆丛稿初编》改动一个词，宁肯不出……

能够做出一系列拒绝举动的陈寅恪，注定了1949年后会有非同寻常的坎坷之路。

三

1953年开始，陈寅恪会时常感到气候的湿冷和威压，呼吸不够顺畅，他一向追求和坚持的自由已被挤压得嘎巴嘎巴响。

这位六十三年来怀揣着一颗自由灵魂闯荡世界的人，不羁的心从没有被套上过笼头。前后断断续续留学18年，足迹遍及东洋、欧洲和美洲的多个国家，却没有取得一张毕业证书。他后来给孩子解释说，留学是为了学得真知，一张文凭两三年就够了，但是，我不能为一张文凭去坚守，我学会了一样东西我就要换一个地方了。

梁启超、吴宓把陈寅恪推荐给清华校长曹云祥。曹云祥问，有何学位？有何著作？才高八斗的陈寅恪就是没有学位，没有著作，在人们的疑问中做了清华国学院"导师"。

然而，此时在岭南，他研究学术的路上，路障正在重重摆上。

　　他想下马，转一下身。他把自己未来的路选准在探索两位前朝女性身上：一位叫孟丽君，一位叫柳如是。

　　孟丽君是艺术形象，是清代才女陈端生（1751—约1796）20岁之前创作的长篇弹词《再生缘》里的女主人公。故事发生在元代昆明的三大家族之间。大学士孟士元有女孟丽君，才貌无双，许配给云南总督皇甫敬之子皇甫少华。国丈刘捷之子刘奎璧欲娶孟丽君不成，于是百般构陷孟氏、皇甫两家。孟丽君女扮男装潜逃，后更名捐监应考，连中三元，官拜兵部尚书，因举荐武艺高强的皇甫少华抵御外寇，大获全胜，皇甫少华封王，孟丽君也官居丞相。父兄翁婿同殿为臣，孟丽君却因时机未到，不敢贸然相认。终因酒醉暴露了身份，孟丽君情急伤神，口吐鲜血，皇上得知，反欲逼其入宫为妃，孟丽君怒气交加，进退两难。

　　陈端生至此辍笔。

　　这个大团圆的戏很传统，但因为不愿入宫为妃，孟丽君的形象便奇崛起来。

　　估计陈寅恪看中了这个奇崛的尾巴，从孟丽君的怒气中，找到了情绪做巢的树枝。当时陈寅恪的眼睛已经做过两次手术，现在仅余微光，重读60万字的《再生缘》已没有可能。他凭借自己的记忆，在助手的帮助下，只用了半年时间就完成了6万字的论著《论〈再生缘〉》。

　　他的学生回忆，陈寅恪眼睛好的时候讲课总是眯缝着，只在兴奋的时候才突然睁大；晚年体力不济的时候，却感到他随时大睁着眼睛，目光如炬。《论〈再生缘〉》出版曲曲折折，人民文学出版社拿去之后却一直不能付梓。陈寅恪在清华大学时的学生胡乔木来访，问及出书一事，陈寅恪说："盖棺有期，出书无日！"1961年8月，陈寅恪只好将油印本的《论〈再生缘〉》送给远道来访的哈佛大学同学吴宓作为纪念。后香港友联出版社正式出版，再牵出一段故事，在此不表。

陈寅恪创作《柳如是别传》是从20世纪60年代早期开始，他行动不便，目光微盲，全靠自己开列书单，助手读给他听，听后构思，再口述由助手记录。为著述这部80万字的传记，他有时一天要工作十几个小时。他曾对吴宓感慨：柳如是，本是一个倚门卖笑的弱女子，在明清易代之际，比五尺男儿更看重家国大义，要为这个被士大夫轻蔑的奇女子立传，以此表彰"我民族独立之思想，自由之精神"。

柳如是是明末清初的秦淮八艳之首。陈寅恪为她作传的《柳如是别传》也没能在有生之年看到它的出版。

陈寅恪把他人生的脉脉余晖投注到这两个奇女子身上的时候，是否有在为自己作传自奠的味道呢？

"著书唯剩颂红妆"啊！他曾在给吴宓诗中的表白。

四

1966年7月，在大鸣大放大字报大辩论地动山摇的声浪里，一顶一顶帽子横着竖着朝陈寅恪的头上飞，一顶比一顶沉重，"牛鬼蛇神""封建余孽""死不改悔的走资派"，指斥他大肆挥霍国家财产，享受高级护理待遇，吃美帝国主义药品，简直是罪恶累累。

在当时的南国很少能够找到一条像陈寅恪这样的大鱼，捉到了，兴奋之余发泄也就更其卑劣、残酷。先是助手黄萱被赶走，三名护士被撤出，工资被停发，存款亦被冻结。"失明膑足"的陈寅恪和老伴唐筼只能坐以待毙。

大字报铺天盖地地糊过来。人们笔走龙蛇的书写和愤怒的声讨简直处于疯狂的巅峰。陈寅恪居住的一号楼转瞬之间被糊成了一具白棺材，外墙、窗子、门上、床头甚至陈寅恪的衣服上都被糊满了大字报。远望去，像下了一场南国永远见不到的大雪。唐筼很悲戚，说："人还没死呢，就开始吊孝了！"

接着是抄家。红卫兵一拨一拨地冲进来，劫掠了陈寅恪视为心尖尖的手稿和陈夫人祖父历尽劫波的20多份手札以及其他物品，查封了陈先生视为宝贝的藏书。陈寅恪那双如炬的眼睛视而不见，耳畔的声声叫嚣让他心灵一阵阵颤抖。高音喇叭从门窗接进了他的室内，一只喇叭就是一只咆哮的老虎，转身是一只，再转身又扑过来一只。他感到无处藏身。他觉得自己掉进了一座无边的黑森林，他想逃离。他的耳畔吼叫着"斗斗斗""死死死""牛鬼蛇神"这些莫名其妙的词汇。他的屋子令他感到恐怖极了。喇叭里每喊他的名字他都一阵阵发抖，裤子就湿了。

1969年春节后，陈寅恪一家被扫地出门，搬到中山大学校园西南区50号。奄奄一息的陈寅恪躺在木板床上靠流质维持生命，见到偷偷来看望他的亲人不住地流泪。即使这样，"造反派"还会时时光顾陈寅恪的"寒舍"，拳打脚踢逼迫所谓"证词"，连他的老妻唐篔也不能免于拳脚伺候。陈寅恪知道自己将不久于人世，十分哀痛。他是"五四"文化名人中忠于夫妻感情的很少的人之一，夫妻二人一生不离不弃。1967年夏，唐篔心脏病发作，濒临死亡。他在凄苦之中为妻子唐篔写了挽联："涕泣对牛衣，卅（xì）载都成肠断史。废残难豹隐，九泉稍待眼枯人"。

陈寅恪对老妻叹道："我现在如在死囚牢中啊。"夫妻相对而泣，泣至血泪。1969年10月7日晨，心力衰竭的陈寅恪咽下最后一口气。一个月后，他的妻子唐篔也撒手人寰。

五

陈寅恪夫妇死后并未入土为安，骨灰被放在殡仪馆里。他要"遇黄而安"。

2001年，饮誉世界的画家黄永玉得知他敬慕的大师陈寅恪夫妇尚未安葬好，主动和陈寅恪的女儿取得联系，愿意出钱出力玉成此事。黄永玉是湘西人，感念陈寅恪的祖父陈宝箴做湖南巡抚期间在湘西治河、养民的恩德，景仰陈寅恪的道德文章，因此十分愿意帮助陈氏后人了却心愿。

经黄永玉动用上层关系，几经周折，2002年6月16日（旧历五月十七日）在陈寅恪113岁冥诞之日，在庐山植物园举行了陈寅恪夫妇墓碑揭幕仪式。至此，陈寅恪夫妇最终入土为安，一代国学大师的身后事终于画上了句号。

一代宗师配得上庐山植物园的云杉，更配得起依崖壁立的青松。

辜鸿铭："大师"的小辫儿
——辜鸿铭的"狂怪"战斗

一

20世纪初，西方有句流行语："到中国可以不看紫禁城，不可不看辜鸿铭。"

1920年，名满天下的英国作家毛姆来了，要见辜鸿铭。毛姆写封信派人送给辜鸿铭，叫他去六国饭店坐坐。辜鸿铭却没买他的面子。时间一天天过去，就是不见辜鸿铭来访。待毛姆明白过来，领教了对辜铭鸿轻慢的代价后，得到允诺才雇了顶轿子，找到东椿树胡同18号辜家。辜鸿铭那一口流利地道的英语让毛姆吃了一惊，听了他的话更是吃了一惊。辜鸿铭狡黠地笑："你朋友以为中国人都是苦力吧，招手就来？"

毛姆拉着辜鸿铭枯瘦的手指说："No！No！久仰先生大名，特来拜访！"

辜鸿铭指着椅子说："贵国人只同中国的苦力打交道，你们大概以为所有的中国人不是苦力就是买办。"

毛姆多毛的白脸上掠过一丝苦笑，只得不断地向面前这位高大瘦身、戴着小帽、后面拖着干枯的黄辫子，早已在欧洲扬名立万的中国学者道歉，窘迫得无地自容。

一个小女孩儿跑过来，辜鸿铭梳着她的小辫告诉毛姆，这是他的小女儿，皇帝退位那天出生的，"我想她是新时代起源的使者"，"她是这老大帝国覆亡的最后一朵花。"

毛姆老盯着他的辫子，他说："那是一个标记。我是老大中华的末了一个代表。"

临别时，毛姆向辜鸿铭索字留念，辜鸿铭便随手抄了两首中国古诗给毛姆。毛姆不懂中文，后来叫人翻译了，竟是两首赠妓女的诗……

二

辜鸿铭有才、有趣、有戏，他戴顶现代中国第一位"国学大师"的瓜皮帽。

辜鸿铭是语言天才，通九种语言，硬碰硬拿了十三个洋博士头衔，清朝末了还送给他个进士功名。人家"学贯中西"，他"学贯西中"。他第一个把《论语》《中庸》等经典用英文、德文翻译给大鼻子的西方人看。他在北京大学讲欧洲诗歌，德国的大学却把他著述的《中国的牛津运动》列入大学读本。他在《字林西报》等外文报纸系统撰文，宣传中国文化，抨击西方列强。在西方人眼里，辜鸿铭和泰戈尔齐名，都是东方的先贤圣哲，文化代言人，一个用文学介绍东方，一个用哲学介绍东方，所以，他们同一年被推荐为诺贝尔文学奖候选人。

孙中山说，近代中国真正通晓英文的有三个半人，第一个是辜鸿铭（第二个是伍朝枢，长于英语公牍；第三个是陈友仁，长于英国国情。还有半个，孙中山没说，有的猜是近代学者型外交家王宠惠先生，有的说孙中山自指）。用英文写作的林语堂在德国留学，他用的教科书中就有辜鸿铭的著作，他说："辜鸿铭的英文文字，确乎超越出众。凡二百年来，未见出其右者。"

辜鸿铭不无得意地对女作家凌叔华总结自己是"生在南洋，学在西洋，婚在东洋，仕在北洋"。

前两"洋"或可理顺辜鸿铭语言成就的源流。辜鸿铭祖籍福建同安，出生在马来半岛，母亲是葡萄牙人。父亲为英国人布朗管理橡胶园。布朗无子，就认了排行老二的辜鸿铭为义子，十岁带回英国。布朗语言天赋非同一般，还是个好教师，他以莎士比亚戏剧、弥尔顿的诗歌和歌德的诗歌做教材，教授辜鸿铭英语、德语，边游戏，边互动，边唱和，成效突飞猛进。他后来进入爱丁堡大学、莱比锡大学系统学习，终成大家。

现在还有人在研究采用"辜鸿铭外语学习法"呢。

三

没有那根小辫子，辜鸿铭可能会失色不少。把那根干翘翘的小辫子散开数一数，每根黄毛都是他的另面"国学"的章节，嗅嗅，冒着遗老的腐气。辜鸿铭的"狂"与"怪"，在民国的"大师"中也应该名列榜首，他的"国学"涂抹着鲜明的"辜氏色彩"。他像一件华袍，外面的光彩，里面的虱子，都为人所津津乐道。

北大教授有新派，有旧派，从服装上就可以大致分明。新派的西装革履，飒爽英姿；旧派的或长袍马褂，或汉式大衫。当然，也有分场合着装的。他们都有汉学底蕴，留学身份。蔡元培是进士出身的留学生，很有代表性。20岁之前没踏上中国一步的辜鸿铭却死磕死磕地恋上了长袍马褂瓜皮帽，几乎到了几十年不易装的程度。民国以后，剪辫子换洋装，成一时风潮，可狂风吹不动辜鸿铭细瘦的小辫子。

周作人为辜鸿铭画像："北大顶古怪的人物，恐怕众口一词的要推辜鸿铭了吧。他生得一副深眼睛高鼻子的洋人相貌，头上一撮黄头毛，却编了一条小辫子，冬天穿枣红宁绸的大袖方马褂，上戴瓜皮小帽……"并且还给自己选了个拖大辫子的车夫，天天坐在红楼前东张西望，成为北大令人瞩目的风景。

辜氏自有护辫理论，学生对着他的辫子怪笑，他却平静地回敬："我头上的辫子是有形的，你们心中的辫子却是无形的。""我的辫子是有形的，可以剪掉，然而诸位同学脑袋里的辫子，就不是那么好剪的啦。"

辜鸿铭用独特的方式，守住了他的"国粹"。

辜鸿铭上课高高在上。他对学生"约法三章"："第一，我进来的时候你们要站起来，上完课要我先出去你们才能出去；第二，我问你们话和你们问我话时，你们都得站起来；第三，我指定你们要背的书，你们都要背，背不出不能坐下。"全班的同学都认为第一第二都容易办到，第三却有点困难，可是大家都慑于辜先生的大名，也就不敢提出异议。"

辜鸿铭上课如大水漫滩，流到哪儿是哪儿，毫无计划可言。学期第一课说，把书打开，翻到第一页。他滔滔不绝，口若悬河，一会儿英语，一会儿德语，一会儿希腊语，一会儿葡萄牙语，中间还夹杂日语俄语，旁征博引，无边无际，学生像坐过山车，在陶醉崇拜的狂欢中学期要结束了。辜鸿铭说，把书打开，再上一节，就放假了。学生翻开的还是第一页，惊问，什么时候考试？辜鸿铭答，不考了。

辜鸿铭写文章骂学生不听话，闹运动。有学生呛他："您老说，夷狄和中华有区别，为什么先生在夷狄的报纸上骂我们呢？"辜鸿铭怒目圆睁，大吼一声："我连袁世凯都不怕，还怕你们！"

有学生联名要驱逐辜鸿铭，蔡元培摆摆手："兼容并包"么。

四

有人说，辜鸿铭是民国第一"狂儒"。

儒家讲究"温良恭俭让"，讲究"文质彬彬，然后君子"，讲究"礼义廉耻"，这些儒家做人的核心要素，辜鸿铭身上似乎哪样都缺。他虽讲儒学，却不行儒道，他不是真正的儒者，顶多算个文化"狂士"。

辜鸿铭骂人，名头高，名气大，不管是口吐莲花，还是满嘴脓血，都能风靡开来，流行一时。他骂袁世凯，骂新文化运动，骂胡适，骂男女生同校……他把慈禧太后捧上天，有时也放倒地上骂两句。

当然，辜鸿铭是文人，不是赤膊青皮，很少用"国骂"，人家用的是智慧，骂是骂在纸上，骂在场面上，有字为据，有人为证。

袁世凯曾对德国公使（自谦地）说，张之洞是讲学问的，自己是做事的，做事的不讲学问。辜鸿铭甩辫儿相讥：如果是老妈子倒马桶，自然用不到学问；除倒马桶外，我还不知道天下有何事是无学问的人可以办到的。他骂袁是穷措无赖，暴发户，广擅乐事，"与西洋之贱种到中国放量咀嚼者无稍异。"骂袁"小偷""赌徒"都不如。骂袁世凯的股肱唐绍仪是"土芥尚书"，张謇是"犬马状元"。袁世凯忙着"军国大事"，就当耳旁风么。部下说，在报纸上骂呢，袁世凯说，把报纸也扔到风里么！

辜鸿铭是很能捧慈禧太后臭脚丫的，赞美这老婆子是"胸怀博大，气量宽宏，心灵高尚"，是"趣味高雅、无可挑剔的人"。可也有不耐烦的时候，慈禧太后68岁生日举国庆祝，满大街歌功颂德的《爱国歌》。辜鸿铭面有不悦，掐着小辫儿慨叹："现在满街都唱《爱国歌》，却没有人唱《爱民歌》。有人说，你编一首么。他沉吟片刻，摇头晃脑地吟道：天子万年，百姓花钱；万寿无疆，百姓遭殃。语惊四座，四座默然。

民国还有谁没被辜鸿铭骂过？有，蔡元培。他说，天下就两个好人：一个是蔡元培，一个是我自己。

五

按说，20岁满身洋博士名衔的辜鸿铭抢滩登陆回国，带着一身的洋细胞洋学问，应该对着中国传统的"鸦片文化"狂轰滥炸才对，像鲁迅，像胡适，像郭沫若……可辜鸿铭不，他竟像贪食腐鼠的流浪猫，四处流荡，骨瘦如柴，一有发现便奋不顾身地扑在"祖传"的腐肉上，再也不愿起身，并为他"食腐"行为百般诡辩，给当世，给后人，留下一段一段埋葬不掉、生锈不烂的笑谈。

辜鸿铭爱小脚。他的夫人淑姑是位三寸金莲的大家闺秀，因了这双小脚，他对淑姑视如珍宝。闲时在家，不是养花种草，而是抬起淑姑的一双小脚把玩，嘴里不停地嗞溜嗞溜地吸气，像对着烟灯吃鸦片。写作时出现文思枯竭，就喊来淑姑，搬起双脚，脱鞋去袜，捧起赏玩，捏捏，摸摸，玩玩，还不时伸出鼻子往小脚上嗅嗅，品尝"肉香"。嘿，也别说，一番折腾，辜鸿铭马上找到了灵感，文思泉涌，下笔千言，一挥成篇。他说，淑姑的三寸金莲啊，就是我的兴奋剂。

谁知是真事还是鬼话呀？他写荒诞的小脚诗云：春云重裹避金灯，自缚如茧感不胜。只为琼钩郎喜瘦，几番缣约纤于菱。制定正宗"金莲"的七个标准：瘦、小、尖、弯、委、香、软、正，辜鸿铭这个标准不知是否经过什么标准组织论证，反正他是到处传播。

关于"香"，辜鸿铭有奇怪的味觉要求。一次，去一学生家借书，开门的是一小丫鬟，走路一扭一扭的姿势让他着迷。"必是一双好脚！"辜鸿铭连去几趟。学生明白，老师对小丫鬟感兴趣了，就好好地把小丫鬟梳洗一番送到东椿树胡同18号去。辜鸿

辜鸿铭

铭扯下裹脚布鼻子就接了上去，一嗅，再嗅，竟没"肉香"，兴味索然地一扔，写了张"完璧归赵"的纸条，差人一起送了回去。

他还给淑姑的小脚设计定制"金莲袜"，并为厂家欣然题词。保皇派的康有为讥讽他，曾专门题写一张"知足常乐"的横幅赠送给他。辜说："康有为深知我心。"

辜鸿铭主张纳妾。他在汉口当张之洞幕僚的时候，去逛妓院，遇到了日本女贞子，花二百块大洋赎出，纳为妾。他解释说，"妾"，立女也，就是男人累了做靠手的。他说，纳妾好啊，可以激发男人的斗志，好好赚钱过活啊。他的纳妾"茶具"论颇为高妙。一次派对上，一位女士颇为愤激地质疑辜鸿铭的纳妾观，说，如果照你的观点，一个女人也可以娶多个男人啦？辜鸿铭瞪眼看她，说："那不行"。当即抓过面前桌子上的茶壶、茶杯一摆，皮笑肉不笑地说，夫人见过一把茶壶配四只茶杯，可曾见过一只茶杯配四把茶壶？

这话一传出，还真吓住一些名媛仕女。陆小曼跟徐志摩结婚时就告诫他说，志摩啊，你可不是辜老先生说的茶壶，你是我的牙刷。我只用你一把牙刷刷牙，你可不允许用别的茶杯解渴啊！

辜鸿铭家里有妻有妾，还不误他逛妓院喝花酒。民国不少"大师"都喜欢这一口，区别在于，别人遮遮掩掩，人家辜鸿铭大张旗鼓，说，嫖妓是支持妓女，也算社会道义。

辜鸿铭有一次谈到在袁世凯时代他不得已担任了袁世凯为准备帝制而设立的参政院的议员（辜鸿铭虽是帝制派，但他主张的帝制是清朝的帝制，不是袁世凯的帝制）。有一天他从会场上出来，收到300银元的出席费，他立刻拿了这包现款到八大胡同去逛妓院。北平当时妓院的规矩，是唱名使妓女鱼贯而过，任狎妓者挑选其所看上的。辜鸿铭到每个妓院点一次名，每个妓女给一块大洋，直到300块大洋花完了，乃哈哈大笑，扬长而去。

段祺瑞当权时，颁布了新的国会选举法，其中有一部分参议员须由中央通儒院票选，凡国立大学教授，或者是在国外大学得过学位的，都有选举权。于是，像辜鸿铭这样著名的北大教授就成了香饽饽。有位留学生小政客到辜家买票，辜鸿铭毫不客气，开价400块大洋。到了选举的前一天，辜鸿铭果然收到400块大洋和选举入场证，来人还叮嘱他明天务必到场。等送钱的人后腿刚走，辜鸿铭前腿就出了门。他赶下午的快车到了天津，将400块大洋悉数报销在名妓"一枝花"身上。直到两天后，他才尽兴而归。小政客早已气歪了嘴。

妻、妾、妓，对辜鸿铭的回报之一，就是把他的小辫每天梳得纹丝不乱。

六

辜鸿铭四处骂人，看似疯疯癫癫，实为佯癫佯狂，他对于权力和金钱还是有自己分明的准则。那时，是在用"国学"。

他在张之洞做幕僚20年的"西译"，张看重他，他也规规矩矩，从不"犯上"，处处维护"张文襄公"。张文襄进京为相（内阁大学士），他跟着进京做了外务部的员外郎。

在汉口，他和大日本帝国的权臣伊藤博文智慧地巧妙周旋成为美谈。他和俄国作家列夫·托尔斯泰有愉快的书信来往。俄国皇储和希腊王子联手"清国游"，在汉口他负责接待和翻译，彬彬有礼，周到细致，弄得满意的俄皇储赠送他一块金表，他也四处显摆。

1916年，张勋复辟，他积极效犬马之劳，参与和南方反对派的调停。反对派根本不予理睬，他"有辱使命"，被张勋甩着大粗辫子破口大骂，辜鸿铭跪在地上垂着小辫子连呼"该死"，乞求饶命。废帝溥仪在养心殿召见他，他竟战战兢兢，说话结结巴巴，前言不搭后语。像个乡下佬见县太爷。

七

石板缝隙能长草，甚至能疯长一棵树，石板上不行。

历史会反复念叨着辜鸿铭编着红丝线的小辫子。按说，他是最不该蓄着遗老标志的小辫儿，应该是轰击烂清的一门大炮，最终却成了卫队长。但是，他顽固地护住那根干翘翘的小辫儿，竟成为一个文化异类。按说，他应该身体力行地倡导一夫一妻制才合乎情理，却抱着小脚维护纳妾而悠然自得……他几乎把中国文化中最糟粕部分都挑了出来，津津有味地享乐一生。他一辈子没有维护新的事物，见到发臭的东西就要下跪，甚至对那个覆灭了的清王朝叩头不止……

任何一个王朝都不会清清爽爽、干干净净地主动清洗自己的脚窝而后离开。洪水过后，淤泥上大大小小的水坑仍会有鱼虾跳跶，毫不足怪。王朝更迭难以逃脱的规律是，一个王朝崩溃了，无力为自己的不道德建设洗脸，而新的王朝正百废待兴，还腾不出手为新道德建设分力，同时，还要拉拢一些狂士为自己鼓与呼，至少不去惊动他们，以免站到了对立面去。这就是夹缝，辜鸿铭们便借势疯长了。

八

辜鸿铭跟着布朗去英国的时候，他的父亲叮咛他"两千两万"：第一，千万不要忘了你的祖国是中国；第二，无论走到哪里，千万不要剪辫子啊。

19岁那年，一个英国女孩子老盯着他的辫子看，他问：喜欢？女孩说：喜欢！他立马铰掉辫子，随手送给了对方。

胡适：情路上的小脚印大脚印
——胡适与她们的婚与恋

一

唐德刚问旅居美国的李宗仁对胡适的看法，李宗仁说："适之先生，爱惜羽毛。"李宗仁不愧真英雄，目光如炬，识人到骨子里去。

胡适"爱惜羽毛"，盛名之下，俨然国人导师，极看重名誉，唯恐伤及"羽毛"。作为一名学者，他十分看重道德价值，谨慎克己，这样做起事来，难免畏首畏尾，政治建树上受影响不说，婚恋上也留下一串令人叹息的遗憾。大博士陪了小脚太太走完一生，算是民国范儿最大的情殇吧？

胡适13岁那年，母亲给他在乡下定了"娃娃亲"，女的是同乡，叫江冬秀。母亲在家里写信告诉此事，胡适从上海写信回禀，不同意。一次一次拉锯式地写信回信，母亲摊牌了，坚定地说，这事我当家，铁定了。胡适19岁到美国留学，给母亲写信重谈江冬秀，还是那个态度，请求母亲把江冬秀退掉。母亲回信仍坚定地说，别的什么都由你，婚姻这事我说了算，铁定了。

胡适三岁丧父，由当年19岁的寡母艰难困苦中一手拉扯大，含辛茹苦自不待说。胡适心里有数，虽然一百个不同意，但是，为了回报母亲，心中那个"不"字无论如何不能坚定地吐出来。1917年胡适归国后，26岁的他和28岁的小脚村姑江冬秀结了婚。婚后，胡适把她带到北京，带到南京，带到台湾，带到美国，再带回台湾，一拽一拽，就是一生，近半个世纪没有离开过。

二

江冬秀似乎天生为大城市准备的，除了没读啥书，除了小脚，除了偏襟褂子，城市好像就是她家门前的一处山沟沟，哪棵树有鸟巢，哪条溪有鳜鱼，一清二楚。她不害羞，不封闭，不怵场，泼辣，好动，说话就是吆喝，满校园都能听到。发起火来，胡适和孩子立刻心里发颤，三缄其口。

过了胡家的门儿，就是胡家的当家人。江冬秀毫不含糊。江冬秀喜欢说道，在教授堆里，能领导一帮子大家闺秀出身的太太们。谁家有点鸡毛蒜皮的夫妻事儿，江冬秀扭着扭着就去了，一批评，一捏和，百病消除。教授们的大宅院，她像个妇女队长。

北京大学教授梁宗岱和原配太太何瑞琼闹婚姻纠纷，准备和才女沉樱结婚。江冬秀看不过去，就把何瑞琼接到家里安抚，支持胡适到法庭为梁太太辩护，这事儿轰动了北平文化圈。

有人夸江冬秀，胡适一脸苦笑，大摇其头，他在家中的落寞和苦楚没人能解，实话说，胡适在婚姻的精神层面上，是荒芜的。他没能像鲁迅那样，遵照母亲的意志结婚，然后让朱安一生寂寞中过完，而是给了江冬秀真正的家庭地位。但是，小个子江冬秀把握不准分寸，把大学者丈夫当作了家庭的一部分财产看守着，借此看守住自己的婚姻。管他的交友，尤其是与女性交往；管他的学术活动，以对他的关爱做理由。缺少分寸，不讲场合，不论对象，常常弄得胡适很尴尬，有时竟至气得浑身发抖。胡适是个勤奋的学者，终日研究学问、撰写文章，江冬秀却不以为然，不懂得丈夫读书的乐趣、研究学问的意义和社会影响，经常找来同伴在家里打牌，家里闹哄哄的一片。只是胡适是隐忍的、克制的、温和的，把精神最活跃光华的一面都给了社会，婚姻在他生命的大厦里占去的只不过是一个犄角旮旯罢了。胡适终于心脏病，有人说，与事业追求有关，与国事操劳有关，与"悍妻"也不无关系。

1924年春，情困樊笼的胡博士试图放飞了自己的情感，试探性地提出和夫人离婚。江冬秀闻言，大惊，大怒，跑进厨房揪把菜刀出来，大骂胡适忘恩负义，扬言要杀了她和胡适的两个孩子，追得孩子满地跑。邻居们听到哭闹声，忙过来劝止，她随手将刀投向胡适。胡适躲闪得快，菜刀当啷着地，还跳两下。胡适照样浑身发抖，不过此后再也没有提出过离婚之事，真像江冬秀哭誓的那样，"只要我不死，你休想！"

胡适坚持到底了，江冬秀更是毫不气馁。1962年胡适逝世，13年后，江冬秀才告别这个世界。

三

如果说1910年胡适留学美国之初写信给母亲退亲，是出于对爱情自由追求的话，那么1914年再次写信给母亲旧事重提的时候，他身边坐着一位美国姑娘，大学美术生韦莲司。

1914年，胡适即将取得学士学位，去拜访教授亨利·韦莲司，意外遇见了教授的三女儿小韦莲司。韦莲司当时在纽约学美术，相见之下，胡适很受震动——她"人品高，学识富，极能思想，高洁几近狂猖，读书之多，见地之高，诚非寻常女子所可望其肩背"。"余所见女子多矣，其真能具思想、识力、魄力、热诚于一身者，惟一人耳。"韦莲司成了胡适眼中的奇女子，也成了他心中的青春美少女偶像。

胡适风流倜傥，温文雅致，学识渊博，兼容中西，正是韦莲司渺渺中所知道的东方君子的风范。两人一见钟情，谈笑言欢，胡适牵手了他人生的一桩奇缘。

胡适和韦莲司书信来往，诗歌酬唱，相约游乐，折柳赠别，火一样的韦莲司彻底烧毁了母亲搁置在胡适心中"与女性交往要特别小心的藩篱"，把自己放成凤凰一样的风筝，和韦莲司这只火鸟在蓝天白云间飞翔。无疑，那只火鸟拓展了胡适一生自由独立的思想。

他们甚至去教堂观看西方式的婚礼仪式，憧憬着彼此牵手共同款款步入教堂的美好时刻。

无限向往而又惶惑不安的对撞中，胡适给母亲写信告知了此事，并请母亲一定退下江冬秀。蜗居皖南山村的母亲早吃了秤砣，铁了心，坚定地回绝了胡适。恐惧中，老太太拿出中国式的杀手锏，给韦莲司的母亲写信，告诉他胡适早按母亲之命、媒妁之言下了"书字"，订了婚，不可更改，换句话说，胡适在家里"有老婆"了。

韦莲司的母亲接信后，大为愤怒。这个桀骜不驯的小女儿早让她们心怀不满，现在又想嫁为低贱的"黄人妇"，那是万万不行的。韦莲司家族有英伦的贵族血统，而黄种人当时在美国的地位比黑人还等而下之呢。

中美两个老婆子一联手，像道坝，阻断了胡适和韦莲司的婚姻路。韦莲司仍热烈似火，可多少带有秋荷的灰暗。胡适是永远向前奔走的人，任何权利他都没屈服过，在蒋介石面前，他可以翘着二郎腿平等地对话，唯有他母亲的手指一点，他立刻就"懦弱"了下来。

从此，胡适与韦莲司保持了距离，更保留了友情，没有停止交往。他们作为精神上的伴侣，思想上的同路人，一生没有停步。

胡适读完博士回国结婚后的几年内，和韦莲司鸿断书绝。韦莲司，你好么？

1923年，名满天下的胡适应邀访美。胡适专门抽出时间与韦莲司相见。凯尤卡湖畔浪花作证，胡适和韦莲司两人相拥无语，泪波，湖波，湿润半个天空。当胡适得知大自己六岁的韦莲司姐姐犹独身守望时，心中的湖堤瞬间溃决，把韦莲司那颗高傲的头颅紧紧地抱在怀里。

胡适折一柳枝送给韦莲司，说你就把我这根柳枝插在凯尤卡湖畔的泥土上，它会长成树，听波涛声声，听你沉默的心语吧！

1938年，胡适任中国驻美国大使，那是他外交任务极其繁重的历史时期，多次因到美国各处演讲宣传中国抗战而累病住院，但是，他总不忘抽出时间看望韦莲司，相约去他们走过见过的树下湖边黯然徘徊。那棵由韦莲司插下的柳枝已长成大树，绿意拂拂了。胡适一生再没中断过给韦莲司的书信往来，重要的日子里会寄去赠品。1939年6月10日，胡适将几首诗词寄给韦莲司，告诉她，这是为她写的。其中有《临江仙》云：

隔树溪声细碎，迎人鸟唱纷哗。共穿幽径趁溪斜。我和君拾葚，君替我簪花。更向水滨同坐，骄阳有树相遮。语深浑不管昏鸦，此时君与我，何处更容他？

韦莲司回信说："我们会像两条小溪，奔向同一条山谷！"

韦莲司终生未嫁，她没等到和那条小溪汇合的日子，胡适就溘然长逝了。她把胡适写给她的上百封信、精美的明信片和部分小礼品，精心打包，寄给在台湾的江冬秀，请她转交在台北的胡适纪念馆。

胡适之后的韦莲司终老哪里呢？

四

1917年，胡适奉母命与江冬秀在老家绩溪上庄结婚。婚礼上，一位伴娘十分引人注目，她身材高挑，清纯明朗，富有诗书气息。她是胡适三嫂的妹妹，叫曹诚英，那年她17岁。

胡适忘不掉这个身影，尤其是在江冬秀身边出现过。

不久，曹诚英出嫁了，嫁给了胡适本家的哥哥胡冠英。胡适得知消息，心里一阵痛惜的蚂蚁慢慢咬过。

考入杭州第一女子师范读书的曹诚英，久无身孕，婆婆主张给胡冠英纳一小妾。曹诚英愤而离婚。胡适得知，又被一阵痛惜的蚂蚁慢慢咬过。因为姻亲关系,曹诚英和胡适时有书信来往,谈诗论赋。那时,绩溪大户人家子女多到杭州读书。安徽籍杭州读书学生创办《安徽旅杭学会报》,热情而诗意的曹诚英主动联系"糜哥"(胡适原名"嗣糜")助力,胡适给了大面子,愉快地撰写了发刊词。

1923年初春,胡适出差上海,专程去杭州看望小妹曹诚英。五天里,胡适与曹诚英形影相随,饱览杭州明媚的山水,他们澎湃的青春,如惊鸿照影,在美丽的断桥上对接燃烧。胡适饱蘸情感于烟霞里写下《西湖》:

前天,伊却未免太绚烂了!

我们只好在船篷阴处偷觑着,

不敢正眼看伊了。

"伊"读了,脸颊灿若朝霞。

相见欢,别情牵。此后,胡适和曹诚英频繁地鸿雁传书,倾诉衷情。

四月,胡适例行休假,他只身来到杭州,住在新新旅馆,读书,写作,修养,会友。这期间,胡适的日记里,频频出现曹诚英的身影。茶园,湖畔,每一处景点、传说,胡适和曹诚英都把相依的影像留在那里。饿了,随处吃一点。相对而坐,却都有说不尽的相思。不是两个月的思念,不是几年的牵挂,仿佛是前世今生，仿佛是一棵沉默的树坚守着终于等到了另一棵流浪的树，一朵不安的浪花在一处陌生的漩涡不期而遇到另一朵。他们像孩子，把话说的比树叶还密；手挽着手，把脚都走肿了，还在想着前面的亭子。课堂上，曹诚英在书边写着思念，课余了，曹诚英像只燕子，斜着翅膀往胡适身边飞。胡适的倦怠不适的身体，很快得以康复。曹诚英婚姻的创伤，让胡适用一个一个温情的日子往上贴，慢慢地愈合了，复原了，那只快乐的小鸟，绕着"糜哥"不倦地飞起来。

六月，胡适租住了烟霞洞和尚庙的三个房间。六月，曹诚英放假了，就搬过来住在隔壁，两个人吃饭、读书、登山、临水，形影不离。他们掐一朵荷回来，插在瓶子里，芬芳一个夏天。这个夏天真快，转眼就剩了一个背影。一抬头，窗下的桂花含苞了，满书桌的馥郁，玉指一抚，点点秋意。曹诚英不住地叹息，胡适说要开学了。开学后，每个周末时光，曹诚英仍然都陪同胡适度过。

寒风越过万水千山撩起曹诚英的长发，西湖愁波微微皱起。胡适拂着她的长发说，我回北京会每天为你写诗，写信，我把心留这儿陪你。曹诚英"嗯"了一声，点点头，泪珠滚了下来。胡适提起围巾的一端，轻轻擦了去。

胡适回校以后，没有回家，他暂住在北京西山脚下朋友家里。杭州那个娟秀字体的来信稠密，让江冬秀起了疑心。其实，胡适和曹诚英的恋情，在京杭学界早不是秘密了。胡适一边热度不减地给曹诚英写信写诗，一边思考着怎样和江冬秀解除婚姻的事儿。战战兢兢的胡适刚一试探提出来，就遭遇到了江冬秀的强硬拒绝。于是，胡家上演了民国学界至今仍为人乐道的江冬秀誓绝丈夫离婚的一幕。

曹诚英得到胡适离婚无果的消息后，多时提着的心猛一紧，泪唰地下来了。曹诚英知道自己在独倚危栏，可是，当栏杆惊现炸裂之声时，她还是本能地惊惧地跳了起来。

她退了学，堕了胎，收拾行囊，入峨眉山出家，后经哥哥苦劝，才回了尘世，继续学业。她对胡适没有怨怼，她似乎还在等待，只是不知道这等待的路有多长。她继续和胡适保持着书信往来，那个"糜哥"始终让她深情缱绻，难以割舍。

曹诚英杭州女子师范学校毕业后，经胡适举荐，进入东南大学读农科，毕业后留校任教。胡适每次到南京出差，都去看望曹诚英。

1934年，曹诚英的一篇学术论文发表在美国的学术期刊上，胡适推荐曹诚英到自己的母校——美国康奈尔大学留学。胡适专门写信给韦莲司，请她帮助曹诚英。后来，韦莲司知道了胡适与曹诚英的特殊关系，虽心碎肝裂，却没有怨言，她更加无微不至地照顾这个"小妹妹"。1937年，曹诚英学成回国，到安徽大学任教，成了中国第一位女农学家。

1949年2月，国内发生大的变局，胡适经上海去台湾，匆忙中，他不忘见曹诚英一面。时任复旦大学教授的曹诚英劝胡适留下来。胡适只要求她保重自己；其余的只摇头一笑，算是作答。这是他们人生的最后一面。

　　1973年，71岁的曹诚英在家乡绩溪逝世。去世前，她叫来亲戚、湖畔诗人汪静之，嘱托他把自己埋在胡适回老家上庄的大路口上，将自己与胡适的所有信件在她身后焚烧。汪静之一一照办。

　　曹诚英用自己的工资，把通往上庄路上的杨林桥修得宽阔平坦。

　　"糜哥已经去了。我在那边交给他！"

<h2 style="text-align:center">五</h2>

　　胡适离世后，台湾各界纷纷悼念。蒋介石送了一副挽联，以示哀悼：

　　新文化中旧道德的楷模

　　旧伦理中新思想的师表

　　这是否也含有对胡适婚恋的评价呢？

黄侃：大嘴守不住的德行
——黄侃的骂与吃及色

一

"国学大师"中，黄侃被称为"黄疯子"，是民国学界"四大疯子"之一。他的老师章太炎是"大疯子"，师徒俩都研究朴学、小学，名气特别大，人们称"章黄之学"。

说起章黄师徒两"疯"结缘，颇为扯淡，搞笑。

"茶盐官"家庭出身的黄侃，自幼聪慧，读书常常入魔。一次，边吃饭，边读书，馒头蘸墨就吃进去了。还有一次，在日本，读着读着，不知不觉尿急了，站到椅子上，掏出家伙就对着窗户向外喷。哗哗哗，下面有东西接着？不像落地的声音。原来窗下有棵芭蕉，肥大纷披的叶子把黄侃的飘洒物，做了二次处理，尿珠四溅，有一部分带着骚气，就飞进了一个窗子里。不巧窗下正坐个孜孜不倦的读书人，摸一把脸上的水珠子，骚的。读书人心空，一下子就明白了。疾步到芭蕉树下，和楼上的黄侃对骂起来。黄侃年轻气盛，妙语连珠，引经据典骂了半天不带脏字，楼下的吃不住了，大喊："你何方妖孽，竟敢对俺章疯子头上撒尿？你也不问问俺老章是谁！"

楼上的哑了片刻，头伸得老长，对楼下喊："先生是哪个？"

"老夫坐不更名，行不改姓——章太炎！"

章太炎听到楼上那位咚咚咚咚往下跑，便给自己壮胆："难道你敢打我不成？小心老夫敲碎你脑壳！"

微弱的灯光下，那汉子已到跟前。说时迟，那时快，黄侃噗通一声跪倒在地："大师在上，请受小子一拜！"

章太炎一愣："你是哪个？"

"湖北蕲春黄侃！"

"莫不是那个吃墨汁的小子？"

"正是！正是！"

章太炎对黄侃有所耳闻，读过他的文章。于是，二人入室，彻夜长谈，不知东方之既白。那个夜晚，异样的机缘，黄侃拜了章太炎为师。真是应了那句"不打不相识"的古话。

章门优秀弟子上百，黄侃排老大。钱玄同排老二，时称"二疯子"。

袁世凯称帝前后，章太炎"击鼓骂袁"，袁世凯一怒，把他软禁了两年。章太炎绝食抗议，七日不食，奄奄待毙，黄侃不畏老袁，急急提了酒肉来。章太炎微睁双目，黄侃跪在地上劝："昔日，祢衡击鼓骂曹，曹操把他送给刘表，刘表又把他送给黄祖，黄祖才砍了祢衡的脑袋。这叫借刀杀人。老袁不杀你，怕落骂名。现在，您绝食，等于引刀自裁，正中老袁下怀啊！"

章太炎猛地睁开眼："酒好香啊！"

师徒两个喝到乱骂一气不止。

黄侃对这个老师那是见情见意，章太炎被软禁期间，别人纷纷走避，他却坚决多次要求伴宿老师，借以消除老师的孤寂与悲哀。

黄侃固守文言文，见了倡导白话文的胡适就来气，就像猫鼠一般的天敌关系。一次，他在北大的课堂上骂胡适："白话文与文言文孰优孰劣，毋费过多笔墨。比如胡适的妻子死了，家人发电报通知胡某本人，若用文言文，'妻丧速归'即可；若用白话文就要写'你的太太死了，赶快回来呀'11个字，其电报费要比用文言文贵两倍。"

一次，教授们课间休息，谈起时下京剧叫红的谭鑫培的戏《秦琼卖马》，胡适插话说："京剧太落伍，甩一根鞭子就算是马，用两把旗子就算是车，应该用真车真马才对啊！"在场诸公无人作声。黄侃一抖团花蓝缎袍子站起来说："适之，适之，唱武松打虎怎么办？"胡适雅量，面对"黄疯子"的开涮，一笑置之。

黄侃是眼睛向上寻找对手的人，平视无敌，下视无碍，自有其可贵的地方。见了听了不同的意见，就像他那泡尿，憋不住，必须撒出去才痛快。

一次，陈独秀去东京的民报社馆会章太炎，恰逢"黄大疯子""钱二疯子"都在。陈独秀名气大，两个疯子急急躲到里间去。陈章闲谈，聊到各省的水土人才，陈独秀列举戴震、段玉裁、王念孙等近代大学者，多出于苏皖，颇引以自豪。说到湖北，陈独秀没想出一二来。屋子里的黄侃突地跳出来："湖北固然没有学者，然而这不就是区区；安徽固然多有学者，然而这也未必就是足下。"

陈独秀本也狂人，只因为自己只是个秀才出身，就默然未应。

陈独秀刚到北大任文科学长的见面礼之一，就是当着蔡元培的面，被黄侃狠狠呛他"区区一桐城秀才"。不过，此时的陈独秀已经"长大"，用亲密和解的方式回敬黄侃，黄侃识趣地柔和下来。

黄侃嘴上没站岗的，心里没畏惧的，想说就说，想骂就骂，不管对方是谁。骂过慈禧，骂过老袁，骂他看不顺眼的一切人。他甚至和同事吴梅教授因为词曲的话题，由嘲讽而谩骂，由谩骂而动拳脚，此后发展到了不能相见的地步。教务为了息事宁人，就把吴梅的课排在一三五，黄侃的课排在二四六。那时教授没课不到校。

民国大文人

二

"黄疯子"黄侃好吃好喝是出了名的。颇有点在山吃山，就地取材的方便味儿。他眼里，有吃的就好，什么校规"都去他娘的"他自我描绘贪恋美酒美食的形象："一手持蟹鳌，一手持酒杯，便足了一生"。

他经常变着花样叫学生请客，餐桌边一坐，什么师生不师生，什么师道不师道，都随一壶浊酒丢弃云边。学生们都摸透了黄大师的脾气，遇到学业上的难处，祭出一字真经——"请"。黄侃没有不爽快赴约的，一旦坐下，狂吃滥喝，不至"松动要来扶"不收兵。黄侃课上颇能用得上这个"侃"字，天南海北，滔滔不绝。有时讲到兴致高处，戛然而止，讲义一合，坐下来道："这里有个秘密，专靠北大这几百块大洋的薪水，我还不能讲。你们要我讲，得另外请我吃饭。"半真半假，学生便大笑，当然也就有饭局了。每赴宴则必"斗酒"，"大醉""甚醉""醉卧"，有时甚至洋相百出而不止。当然，黄侃毕竟是大学问家，教学不拘一格，给他的弟子——"黄门侍郎"留下深刻印象。他常常利用吃饭喝酒的机会，畅谈学问，海阔天空，于闲谈中给学生莫大启发。他讲学也是天马行空，没有章法，讲到哪里算哪里，但又处处都是学问，非常人所及。

黄侃大嘴贪吃的事儿终于弄到了校长蔡元培那儿。

黄侃讲《说文解字》，晦涩难懂的地方多，难以把握的学生也多，都担心考试过不了关。不过，学生们早已把准了黄侃的脉，"说文解字"上万字，说到底归结为一个字："吃"。于是，学生凑钱轮流请，大场面小场面都有，黄侃每请必到，直把黄侃喝得乐而开怀。

一天，校长蔡元培有请，不是在酒馆，而是在校长室。

蔡元培说："黄先生，赴学生宴，可是校规所不许的啊。"

黄侃用胳膊挟着裹讲义的蓝花小包包，不坐，站着回答，说："校长，他们这些学生还知道尊师重道，所以我不想为难他们。这也不正是我们所期望的吗？"

蔡元培知道黄侃在狡赖，可他是个宽厚的人，加上黄侃学术上的才气，也就点到为止，算是给他提个醒。

三

这世上，贪恋美酒美食的多贪恋美色，《水浒传》里的鲁智深除外。

黄侃在"情"字上独占一个字——乱。说是"情"，其实勉强，用"色"比较恰当。黄侃在对待女性的混乱行为，颇受诟病。当时有报纸痛骂他："黄侃文章走天下，好色之甚，非吾母，非吾女，可妻也。"据说，他一生四十九年，结婚非婚的女子，达九人之多。

黄侃结发妻子，王氏，蕲春乡下人。像那个时期不少以天下为家的革命者或文人的发妻一样，被娶回家，就成了家中的摆设，一直到老朽完事。王氏的命运也是如此。

黄绍兰，现代著名女杰之一，闹革命，办学校，先后任章太炎国学讲习会讲师、广州中山大学国文系教授、上海震旦女子文理学院教授兼国文系主任，有《易经注疏》等专著，是章太炎唯一的女弟子。中共在上海召开一大，她是提供房屋住宿、做会场的积极筹办者之一。但是，她的婚姻，落满了黄侃的严霜。

黄侃与黄绍兰是同乡同族，黄侃还做过黄绍兰的塾师。"二次革命"失败后，黄绍兰到上海创办博文学校。

黄侃不知哪根神经出了错，便从北京跑到上海追求黄绍兰。黄绍兰出于对黄侃才华的崇拜，便答应了。当时，黄侃因发妻在堂，便心生一计，用李某某的假名，和黄绍兰办理了结婚证书。黄侃的解释是："因你也明知我家有发妻。如用我真名，则我犯重婚罪。同时你明知故犯，也不能不负责任。"

黄侃回北京女师大教书，竟与姓彭的女学生秘密同居。黄绍兰闻讯，欲哭无泪，况且与黄侃生有一女，假情假意假结婚证书，怎么办？

黄绍兰也是诗书之家出身，她父亲恨她辱没家风，一怒之下，与她声明断绝父女关系。黄绍兰的遭遇深得章太炎夫人汤国梨的同情，章氏夫妇给了她事业上很多关怀，但这无法抚平黄侃在她心灵上留下的巨大创伤，黄绍兰于1947年自缢身亡。

汤国梨痛骂黄侃"有文无行，为人所不耻"，是"无耻之尤的衣冠禽兽"。

师母比师父尖锐，能代表不少人对黄侃的评价。

黄侃就是为了惊世骇俗而生的，"事不惊人死不休"。他又娶了一位姓黄的女子。那女子叫黄菊英。

那年，黄侃在武昌高等女子师范教书，女儿随读。一天，女儿带一名女同学来家，介绍叫"黄菊英"。黄侃盯着那女子两眼放光，便不顾一切地用诗词文章炮轰黄菊英。那首《采桑子》就是写给黄菊英的：

今生未必重相见，遥计他生，谁信他生？缥缈缠绵一种情。

当时留恋成何济？知有飘零，毕竟飘零，便是飘零也感卿。

黄菊英哪经过这阵势？不久便投降了。

当黄侃突然宣布二人结婚的消息之时，朋友们再次以"人言可畏"劝阻他。黄侃泰然以对：怕什么？难道怕老鸦叫，就不出门了？各色娱乐小报蜂拥而上，对黄侃给予连篇累牍攻击。黄侃岂是一位怕人谩骂的角色？他干脆让学生把骂自己的小报收集起来，以供蜜月消遣。

黄侃和黄菊英婚后不久，便转到南京中央大学任教，并在九华村自己建了所房子，题曰"量守庐"，藏书满屋，怡然自乐。

黄菊英回忆说："我虽是季刚的妻子和学生，但学无专长。对于他的学术文章，我是在宫墙之外。每当重阅他细心批点的古籍，复诵他情文并茂的诗作，辄使我以他的好学精神自勉。"

黄菊英有幸福感，她帮助整理出版了黄侃校勘过的上百种典籍。

1935年10月8日。黄侃"午后与子、女、甥、婿等散步至鸡鸣寺"，剥蟹赏菊，因饮酒过量，致使胃血管破裂，吐血不止，不幸身亡。死时49岁，成就了黄菊英的眼光。黄侃若是活到59岁、69岁，又会演绎多少风花雪月呢？

四

黄侃一生，放浪形骸，他不是骏马，不是黄牛，不是骆驼，他是一只横冲直撞的野猪，对什么网子，什么藩篱，什么纲常，都放纵地撕咬一番。他头上戴不住笼子，心里没给自己拴一根缰绳，最后落了个"黄疯子"的绰号。

他早年是革命的疯子。用文字革命，他曾随黄兴海内外转战，以笔当枪，写了不少轰炸清政府的"原子弹"。

他后来成了学术的疯子。治学勤奋，"宏通严谨"。他重视师承，但不墨守师说，常以"刻苦为人，殷勤传学"以自警。

虽是名声赫赫之学者，仍孜孜不倦，"惟以观天下书未遍，不得妄下雌黄"，发愿50岁后才著书。所治文字、声韵、训诂之学，远绍汉唐，近承乾嘉，多有创见，自成一家。黄侃著述甚丰，其重要讲义有《音略》《说文略说》《尔雅略说》《集韵声类表》《文心雕龙札记》《日知录校记》《黄侃论学杂著》等数十种。

所以，后人还谈论这个"疯子"，没忘掉这个"疯子"。想起他的人，会在他灵魂前献一束花，然后转身再白他一眼。

梁实秋：晶莹的友情
——梁实秋与冰心、闻一多的一生情缘

现代文学史上，男女作家一生保持如冰如荷关系的，怕要数梁实秋和冰心了。

人生的遭际，靠缘分。能走多远，要看灵魂的宽度。用冰心的话说，她和梁实秋能保持一生的友情，是因为他们都是人生如花的男人女人。

一

1923年8月，"杰克逊号"游轮上赴美留学的学生中，好多人成了中国现代文坛的风云人物。梁实秋和冰心就在这里偶然相遇。

寂寞的海上之旅，寂寞的青春心灵。年轻的心张大着嘴巴，似乎都在等待着什么发生。

美丽的冰心被老师许地山拉着欢欢喜喜地从舱里走出来，他要把冰心介绍给文坛小有名气的梁实秋认识。冰心知道梁实秋，矜持地跟他打了个招呼，就不冷不热地把他晾在那里。

梁实秋深怪老大哥的多事，他猜测冰心可能在生自己的气，表情多少有点尴尬。他知道这里有个结。冰心当时已是文坛耀眼的新星，《繁星》《春水》崭露头角，赢得文坛一片叫好声。梁实秋却不以为然，批评冰心这些哲理小诗情感冰凉，小制作"终归不能登大雅之堂"。如此对冰心泼冷水的，怕只有这个20岁的毛头小伙子。

不过，绅士的梁实秋，面对大他三岁的小大姐冰心很会转圜，他说，他有个同班同学吴文藻是冰心的粉丝，每见到她的诗文都剪下来裱成长卷保存。冰心仍是冷冷的。

梁实秋很有热度地问："去美国学什么专业?

冰心答道："文学。"然后回问："你呢?"

梁实秋上扬一下眼睛："文学批评"。

文学总是文学青年的最好粘合剂。寂寞的灵魂很需要诗情去填充。一帮游荡在"杰克逊号"甲板上的缪斯信徒很快办出了一份叫《海啸》的文学壁报。刊头是梁实秋做的"手摩拓片体"。《海啸》三日一份，每份十张，稿纸誊写。这一临时举动，成了现代文学史上一朵美丽的浪花。梁实秋的活跃和热心，让冰心彻底释怀。

二

梁实秋就读的美国哈佛大学和冰心就读的威尔斯利女子大学不过一小时车程。热血奔腾的梁实秋当时是留美文学刊物《大江》的负责人，还参与"湖社"的执行工作。冰心经常来访，和梁实秋探讨文学。梁实秋常到威尔斯利女子大学和冰心泛舟慰冰湖，登杏花楼畅谈人生，醉话文学。冰心已经很喜欢这个小老弟了。

1925年春，留学生顾一樵、闻一多等想把古装戏《琵琶记》搬上舞台。顾一樵改编剧本，梁实秋英文翻译，并扮演男一号蔡中郎。女一号宰相之女争来让去，最后由冰心推荐她的女同学谢文秋饰演。谢文秋文静，长相俊美，一个季节的戏排下来，对热情洋溢才华横溢的梁实秋颇有好感，他们很默契。冰心经常打趣他们。演出获得巨大成功，梁实秋和谢文秋建立了一段不寻常的友谊。

不久，谢文秋名花有主，嫁人了。冰心改唐人崔郊的诗句调侃梁实秋："朱门一入深似海，从此秋郎是路人。"

梁实秋是豁达的人，深感有趣，干脆将自己的笔名取为"秋郎"，以此作为纪念。

三

1939年，梁实秋安身在动荡的重庆北碚，立身之所"雅舍"。由于岳母年老多病，需要留下妻子照顾，于是逃难的梁实秋孤身一人羁旅异地（直到1944年一家五口才始得团聚）。而冰心一家呢，住在歌乐山。那是黑暗潮湿的土坯"洋房"，条件异常得差，只有从北平带来的一张弹簧床是奢饰品，唯有门前的十几棵青松，值得盘桓流连。梁实秋是冰心家的常客。冰心有空的时候更是时常光顾梁实秋的"雅舍"，谈时事，说文学，忆旧人。常常忘记时间的早晚，夜深了，就和"雅舍"的另一家主人龚业雅挤一张床。

梁实秋感叹，都说冰心这大小姐娇贵，国难时，都成了难民啊!

一次梁实秋过生日，大家凑趣儿摆宴。兴致正高时，梁实秋拿出相册簿让大家写字。冰心微醺，略加思索，挥笔题道：

"一个人应当像一朵花，不论男人或女人。花有色、香、味，人有才、情、趣，三者缺一，便不能做人家的一个好朋友。我的朋友之中，男人中只有实秋最像一朵花——虽然是一朵鸡冠花，培植尚未成功，实秋仍需努力！"

一圈文友笑开了花。梁实秋如获至宝，珍藏一生。

抗战胜利后，冰心夫妇到日本早稻田大学任教授，为梁实秋在东京谋得一职，梁实秋婉拒了。

他去了台湾。

四

台湾海峡，更一衣带水，但是，"我在这边他在那边"。二十多年，杳无音信的姐弟，互相牵挂着。一天，在台湾师范大学休息室里阅报的梁实秋突然看到冰心夫妇不堪"文革"凌辱双双自杀的消息，不胜悲痛，他含泪写下了《忆冰心》，他用深情细腻的文笔回忆了两人几十年的交情，感人至深。

时光似流水，旧情不减色。正在梁实秋不胜唏嘘、惜情依依的时候，作家凌叔华告诉他，冰心尚在。梁实秋对于自己的孟浪很是痛惜，但是，仍然很是欣慰——人仍在，情未了。

此事传为悲痛的佳话。

1985年上半年，《雅舍怀旧——忆故知》由中国友谊出版公司出版时，冰心欣然提笔为此书作序。她深情地写道："我感激故人对我们的眷恋，我没有去过台湾，无从想象台湾的生活情况，但北京的情况呢，纸上真是说不完，我希望实秋回来看看……"

晚年的梁实秋对故土，对故人，一往情深。怀乡，成了他作品闪耀的中国情结。他的大女儿梁文茜，大儿子梁文骐都留在北京。但是，他文章里，真正会时时流淌在笔端的人物，还是冰心。他时刻想在两岸关系温暖的时候，含泪脚踏自己的土地。

这个愿望成了梁实秋的梦。

1987年11月3日，梁实秋在台北逝世。

一曲长歌，成了飘着彩带的挽歌。

梁实秋的第二任妻子韩菁清在处理完丧事后，专程飞往北京，替他完成未了的还乡愿。她拜访了年近九十高龄的冰心，冰心在悲痛中写了《悼念梁实秋先生》。文章中说："我怎能不难过呢？我们之间的友谊，不比寻常啊！"

又一年的春月，梁实秋的小女儿梁文蔷捧着鲜花特地从美国来大陆探望病床上的冰心说："冰心阿姨，爸爸让我告诉您，说他没变。"

年近百岁的冰心含笑说："我也没变。"

五

多事之秋里，梁实秋对闻一多的感情也是守望终生。

去青岛闲逛，撞见了一大堆民国文化名人的影子。是青岛大学校长杨振声荟萃了这些名人的足迹，留下了那么多"故居"。那些看上去普通的房子，"只因一垂顾，便为楼上楼"，让本来就已经美得不能自持的青岛，又佩上了朵朵胸花。

拜谒故居，梁实秋和闻一多的交往让我心潮一再起伏不已。

民国时期可谓一段多事春秋。理这团乱丝很不易。不过，稍事捡拾会发现，从乱丝里蹦跳出来的圆润珠玉，竟是那些文人。民国的文人，成了民国的华章。民国的文人，大多富才情，浪漫，特别有追求，特别执着，成了中国百年的范儿，多少有点像百年出土的文物，越摩挲越珍爱。

在我们的印象里，闻一多和梁实秋是历史生命价值距离很远的两个现代文人，一个是诗人，民主斗士；一个是"丧家的""资本家的乏走狗"。在历史的天空上，两颗不同色彩的星星只能遥相断望，似乎永远走不到一起。

这是教科书塞给我们的影像，或说结果。事实上，闻一多和梁实秋贴得是那么近，同气相求，情感相通，胜过一对亲兄弟。

历史没有误解我们，我们常常误读了历史。

梁实秋11岁时考入清华学校（清华大学前身）。八年的清华生活，与他最为莫逆、交往持续时间最久的朋友，怕要数闻一多了。

　　梁实秋是学校的文艺活跃分子，没想遇到了比自己高两年级同样活跃的闻一多。梁实秋喜欢结社，先是和一帮子书法道友结成"清华戏墨社"，后来他又和几个喜欢耍笔杆子的好友组织了"小说研究社"。闻一多操着湖北味很浓的官话说，打住，"小说研究社"太窄，叫"清华文学社"吧。当时的梁实秋正迷恋小说，一听闻一多说的有道理，就"笑纳"了闻一多的建议。于是，"小说研究社"摇身成了"清华文学社"。当时闻一多写诗，在诗坛上已很有名气，出了诗集《红烛》。

　　闻一多先一年去了美国。临行前，他们都有"畏美情绪"，这些曾经毛驴代步的半大孩子孩子气地怕到美国后被川流不息的汽车撞死，既伤国体又被人耻笑。谁知闻一多给梁实秋来信，劈头一句话："我尚未被汽车撞死！"梁实秋受到鼓舞，坚定了去美国开眼界的决心。

　　在梁实秋眼里，闻一多"有文才，重感情，讲义气"，是个敢于担当的老大哥。在闻一多眼里，梁实秋聪慧、晶莹，有才气又帅气，是个可爱的小老弟。小老弟诗歌、评论可算双璧，还会演戏，编辑《清华周刊》，邀约很多文坛大佬到学校讲学，在清华才子成堆的地方光彩熠熠。

　　诗人闻一多最推崇梁实秋的诗歌，赞誉他为"东方之义山，西方之济慈"。虽然梁实秋一生以散文家、评论家、翻译家著称于世。

1923年夏，梁实秋到美国，闻一多闻讯后，毅然舍弃了芝加哥美术学院的学业，转学到梁实秋就读的科罗拉多大学。当一路风尘的闻一多拎着一只皮箱出现在梁实秋面前的时候，错愕的梁实秋紧紧拥抱住他，喜极而泣。

　　梁实秋攻读文学理论，英文；闻一多攻美术，兼修文学。他们共同租房居住，在东家搭伙吃饭，朝夕相处，形影不离。他给梁实秋画了两幅油画，一幅是《荷花池畔》——以梁实秋的同名诗集命名；一幅是梁实秋的半身像，他还帮助评点梁实秋的未婚妻程季淑的习作，介绍梁实秋结识了"新月社"的主力成员，加入"新月社"。从此，梁实秋和"新月社"结下了终身的不解之缘，荣也相关，辱也相关。

　　1924年暑假，闻一多去纽约深造美术，梁实秋去哈佛大学研究院研修文艺理论，相携东下，深情依依。

　　20世纪三十年代风云变幻最为急剧。1927年2月新婚不久的梁实秋牵手妻子程季淑在北伐的隆隆炮声里一路辗转南京、上海，就职于暨南大学、光华大学、复旦大学，为《青光》撰稿，生活渐渐安定下来。没想到闻一多放弃了武汉国民政府的职务也来到了上海住在潘光旦家里。闻一多、梁实秋和"新月社"的重要成员徐志摩、饶梦侃、余上沅等交往甚密，筹划办刊事宜。梁实秋百忙之中，总在缝隙里挤出时间一趟一趟跑去看望闻一多，每次见面都难分难舍。

　　国立青岛大学成立于1930年夏天。校长杨振声把声望学养日炽的闻一多、梁实秋都请到麾下以壮声威。闻一多主持国文系兼文学院院长，梁实秋主持外文系兼任图书馆馆长。

青岛青山碧海，蓝天红瓦，沙滩处处，最是宜人去处，让这批意气风发的年轻教授无限陶醉。新诞生的青岛大学环境宽松，关系和谐，加上和校长杨振声的朋友关系，大家都有如鱼得水的感觉。每天早上，旭日东升，潇洒倜傥的闻一多，蓬发长髯，长衫布鞋，手曳竹杖，潇潇泄泄，吹着口哨经过梁实秋的租住的小楼下去学校。梁实秋闻声霞光里走出屋门，整洁儒雅，同样的装束，同样的步态，一路潇洒出尘，风流倜傥，成为青大一道耀眼的景致。

一批年轻的志同道合群体，形骸浪漫，工作之余常聚在一起宴饮。杨振声、赵太侔、闻一多、陈命凡、黄际遇、刘康甫、方令孺、梁实秋，人称"酒中八仙"，个个海量，据说三十斤一坛的花雕酒喝下去，人人气定神闲。梁实秋从北京定制了一个青岛没有的铁炙子，冬日里，相携上山，在向阳的山坡上，支起铁炙子，用松枝松塔烤肉，肉香，酒香，快意畅叙，颇有竹林遗风。梁实秋的太太优雅贤惠，独居的闻一多，隔三差五总会到梁家畅快口腹，梁实秋一定会和他喝到酒意酣畅方才罢休。

青岛大学的几次学潮把梁实秋和闻一多一起推到了风口浪尖上，直至闻一多无奈地离开。第一次风潮是所谓的"假学历"风潮。闻一多、梁实秋主张按照章程规定，假学历的坚决开除。学生认为即使是假学历，但有真知识，国家时局动荡，有求知的渴望就十分宝贵，不应该开除。闻一多、梁实秋都是学校核心领导小组的成员，出面和学生交涉。不懂迂回战术的书生很快站到了学生的对立面去。闻一多、梁实秋都是新月派，学校图书馆装备的图书，鲁迅作品较少，而深受鲁迅影响的学生误认为身为图书馆馆长的梁实秋是有意去鲁迅化，搞"新月包围青大"，所以，他们从情感上对峙了他们过去深爱的老师。闻一多、梁实秋陷入了孤立。

"九一八事变"后，平津学生南下请愿，青岛大学的学生也闻风而动。教育部急电各校阻止学生南下南京。闻一多、梁实秋代表学校劝止学生。学生群情激奋，包围了校长公寓，杨振声辞职。1932年，学生因抗议"学分淘汰制"而罢课。坚持学分制的闻一多、梁实秋主张"挥泪斩马谡"，开除为首的闹事学生。学生掀起声势浩大的驱赶校领导运动，闻一多被迫辞去文学院院长，梁实秋辞去图书馆馆长。教育界举国震动。

这次学潮有一个很有趣的插曲，一直为后人津津乐道。有学生在黑板上画一只乌龟一只兔子，旁边注脚：闻一多和梁实秋。两人一见很郁闷，闻一多表情严肃地扭头问梁实秋："哪一个是我？"梁实秋幽他一默："任你选择。"

事态平息后，闻一多开始郁郁埋头他的《诗经》和杜诗研究，不久到他的母校清华大学当教授，离开了青岛。留下来的梁实秋在怅惘和思念中开始反思自己，沉潜下来教书做学问，同时开始了他一生最浩大的工程——翻译《莎士比亚全集》。

两年后，梁实秋应胡适的邀请到北大文学院任研究教授、外文系主任。

当时，北平的学界、文化界真正的领袖是胡适，他期望把闻一多、杨振声、梁实秋等一班有才华的好友聚在一起，建立大学术圈子，形成"健全的文学中心"。但是，时局的动荡使华北难以安放一张课桌，所有的美好愿望都只能是梦想。在日军隆隆侵占北平的炮声里，闻一多去了昆明西南联大当教授，梁实秋到了战时首都重庆任国民政府参政会参政员、国立翻译馆员。

八年生死两茫茫。

1946年7月，抗战胜利快一年了，梁实秋一家仍在重庆的北碚等待离川东下的船票。他们早收拾好行李，只等着启程的汽笛鸣响。梁实秋每日在"雅舍"门前望江水东流，青山蜿蜒，思绪飞扬。那天，他正坐在案前翻阅报纸，一条不幸的消息让他头一晕，差点跌倒。

闻一多遇害！

梁实秋啸叫一声，泪如泉涌，他一拳捶在案子上，案上一盒围棋子哗地一声黑白纷飞，迸落地上，有几粒顺着地板缝钻了下去。

多少年以后，留在大陆的梁实秋的大女儿梁文茜故地重游，想起父亲当年无限愤激的一拳和纷纷迸落的棋子，忍不住趴在地上往地板缝里斜觑，黑的依然黑，白的依然白，粒粒晶莹地卡在里面。

梁实秋此刻正站在台湾师范大学的讲台上多年矣。不过，"闻一多给他的信一直带在身边，闻一多当时受害的报纸，都黄了，跟手纸似的，他还一直带在箱子里。"

梁宗岱：本该牵手温柔地走

——梁宗岱和他的妻子沉樱

一

近代学界，有三位姓梁的大家：梁启超、梁实秋、梁宗岱。前两位三十多年来，已广为国人熟知，其实，梁宗岱在20世纪三四十年代弄出的动静，够大的，只是岁月风尘掩埋和人为的掩盖，他失去了光华。但是，稍微往时光深处扒一扒，随手拉过衣襟擦一擦，梁宗岱还是光华闪耀的明珠。

梁宗岱是广东新会人，和梁启超是一个县的"梁"。但他出生在广西百色。

梁宗岱少负才名，16岁即发表了数量可观的诗歌，如同岭南早春的木棉花，惹人瞩目。一次，记者去采访他，开门的孩子问他找谁，记者说，我找你父亲梁宗岱。梁宗岱眨着眼睛说，我就是！

梁宗岱在广州培正中学读书时，主编校刊，应茅盾、郑振铎邀请加入文学研究会。1924年21岁的他赴欧洲留学，学习德、英、法、意等国语言，开始发表译作。与印象派大师瓦雷里和罗曼·罗兰等文坛大师交往颇深。回国后，任北京大学法学系主任，南开大学、复旦大学教授。国内法语、德语权威的翻译专家，翻译过莎士比亚的诗歌和歌德的《浮士德》等名著。代表作有《梁宗岱选集》、诗集《晚祷》、词集《芦笛风》、论文集《诗与真》等。

作为诗人兼学者的梁宗岱，极具个性。好辩，学术辩论到动用拳脚分高下；激烈，像一盆火，不焚毁自己就烧伤别人；自我，什么洋人权贵，都是个球！

这些个性让梁宗岱吃尽了苦头，但他一生大笑着热爱这个世界，从没悲观颓唐过。晚年住在广东外国语学院，风一样地跑步，听到学生法语不准，连忙止住步，纠正后再跑。

梁宗岱

二

沉樱晚年回大陆，走了上海，走了济南，走了北京，在开封住了一段。其实，她最想去的是广东，那里有让她爱恨交织的梁宗岱，可她最后止了步，捡拾了她年轻脚印的风尘，一咬牙，回了美国。

沉樱，原名陈瑛，20世纪三十年代和张爱玲、丁玲齐名的小说家，六七十年代，风靡台湾的散文家、翻译家。小说集《爱的开始》一版再版，散文《春的声音》让台湾的大陆客多少次心惊，翻译小说《一个陌生女人的来信》，两年间再版几十次，至今仍是汉语译本的经典。

在北京任中学教师的沉樱认识了28岁任北京大学法学系主任的梁宗岱，两人的名气，两人的性格，像两盆火，瞬间烈焰滚滚，炽烈地相爱了。

可是，他们中间站着一个人，梁宗岱的原配夫人何瑞琼。何瑞琼是梁宗岱的奶奶给孙子的礼品。结婚那天，梁宗岱索性把自己赤身反锁屋内大声读书，以示抗议，拒绝同居。梁家后来拿钱给何瑞琼上卫校，何瑞琼毕业后另嫁他人，生了孩子，日子平静。可她听说梁宗岱回国任职北京大学时，就带上和别人生的孩子跑到北京想和梁宗岱过日子。梁宗岱哪能接受！事情就闹到法院，没成想到胡适竟出庭作证，证实何瑞琼就是梁宗岱的原配夫人。法庭判决梁宗岱与何瑞琼婚姻合法，梁宗岱每月"给付"

何瑞琼生活费一百元。梁宗岱"誓不承认",庭上庭下,周折经年,最终达成和解,解除婚姻关系。

据胡适日记记载,那年五月底,梁宗岱被解聘。梁宗岱就这样结束了在北京大学满是纠缠的生活。

沉樱热切的目光打量一下精壮的梁宗岱,温柔地将小手伸了过去。

沉樱一只手被梁宗岱攥着,一只手提着小小的箱包,哒哒哒地疾步小跑。

他们踏上了南去的列车。

三

梁宗岱牵着沉樱,负气南下,在天津、上海逗留不久,便搭上了东去扶桑的邮轮。

他们住在叶山,风景醉人,风情醉人,一对恋人醉倒了。秋天,冬天,枫叶,白雪,完全的童话世界。他们的世界里,有诗,有小说,有翻译,有关于海外的趣闻轶事,还有一片枫叶由绿变红的歌吟和叹息。他们不大说起未来,因为未来总是渺茫的,抓住每一分钟的现在,酿成叶山的酒,饮下。巴金先生见证过他们的生活,"在松林的安静的生活里他们夫妇在幸福中沉醉了。我在他那所精致的小屋里看到了这一切"。

春天来了，山野烂漫的樱花唤醒了整个世界。陶醉在鲁迅兄弟作品里的樱花里的沉樱把名字改了。梁宗岱折了一支重瓣樱花，簪在沉樱的发际，沉樱响亮地吻了梁宗岱的眉。那一声响，在他们脑际萦绕一生。

　　卢沟桥炮声响了，一对恋人梦醒，他们迅即回到祖国，辗转在侵略者的炮火里。

　　抗战期间，梁宗岱任西迁重庆北碚的复旦大学外文系主任，直到抗战胜利。梁宗岱是个工作拼命的人，翻译、教学都以仇恨的姿态对待，艰苦的岁月里，顾工作，顾命是一等的重要，他们有两个女儿，那位曾经文学劲头锐不可当的作家沉樱，整日操劳着家务，像个保姆，淡出了文坛。这不是沉樱想要的生活，她要文学，要创造，要在烽火连天的岁月里，为民族发光，可她无法做到。在家与国之间，在主妇与作家之间，沉樱时而失衡，家里便有了不满，有了吵闹，有了摔打。

　　当然，他们的情感裂隙从第一个女儿诞生起，就已经产生了，只是情感深处，外人很难见到。梁宗岱给大女儿取名"思薇"。这个名字，往他和沉樱的爱情里掺了沙子，沉樱胃里反酸。

　　原来梁宗岱留学期间，曾和一个叫安娜的法国女子热恋，给她取了个中国名字"白薇"，曾写《白薇曲》歌唱她们的爱情。现在把女儿取名"思薇"，让沉樱心里梗着。

　　毕竟是炮火追着生命奔跑的岁月，沉樱有点想法，也没强烈反对。他们分手了，是"九一八"炮火从法国催回了梁宗岱啊。

家事，在亡国灭种的战火烤炙面前，没能往后退一步，家便有了裂隙。

四

实在说，民国学界一些人的真性情，用我们今天麻木的神经去看，还真难以理解。今天我们按照一个模式生活，一个腔调说话，按照那时一人一腔活脱脱的模样活着，创造着，真难以对他们说高道低。

梁宗岱父亲在广西百色行医开当铺，积下可观的财富。父亲去世，他去处理善后，间隙，被朋友拉着去看粤剧。没想，他被花旦甘少苏的表演深深打动，随即写诗相赠：

> 妙语清香句句圆，
> 谁言粤剧不堪传？
> 歌喉若把灵禽比，
> 半是黄鹂半杜鹃。

再打听，知道这个名伶被一个军官包养着，经常被打得皮开肉绽，多次寻死不能，便动了英雄救美的心思。几经辗转，以三万块大洋赎回了甘少苏的自由身。

于是，名教授和名伶同居在百色。

沉樱耳朵里突然盛不下这个消息，她觉得头就要炸裂了。可一想，忽然有种如释重负的轻松，解脱了。家事国事，几年来，令她身心疲惫，她已经找不到那个在时代的潮头小鹿一样跃动的自己了。她收拾一下东西，带着两个女儿，拖着身孕，离家赁屋居住。

沉樱是破釜沉舟的人，尤其是对待爱情。她能原谅过去，却不允许背叛。她的决绝不容自己转身，对梁宗岱没有爱怜，没有伤痛，没有斥责，一道闪电来了，洗刷了一切，告别了一切。至于梁宗岱想去干什么，她都懒得去问了。

生活从这一刻开始，工作从这一刻开始，将来的设计从这一刻开始。在物价飞涨的重庆，她坚强地挺到了抗战胜利。

抗战胜利后，复旦大学回迁上海，梁宗岱辞去教职，去百色制药，而沉樱却被聘进复旦大学任教授。一个长庚，一个启明，东西天际相映，永无见面机会。

1948年沉樱到台湾后，在苗栗县著名的私立大成中学任教，为了儿女上学方便，1957年移居台北，受聘于台北市第一女子中学教授国文。在台湾，沉樱独自负担二女一子的生活和教育费用，压力很大，但她从来都是乐观的："我不是那种找大快乐的人，因为太难了；我只要寻求一些小的快乐。"

听说沉樱要移居台湾，梁宗岱从广西搭飞机到上海加以劝阻。沉樱离开上海，没给他留下片言只语。

五

梁宗岱先是在岭南大学，接着合并到中山大学，全国院系调整，他到了广州外国语学院，任教授，筹办法语专业。

一个成名在岭南的岭南人，后半生回到了岭南，还顺利么？

1950年，梁宗岱遭诬陷，被捕入狱。那时还允许洗刷清白，出狱后，继续任教职。在那以后的历次政治运动，梁宗岱都在劫难逃。挨打，纠斗，字画、书信、文稿被烧，生死关口，狱内狱外，他强健的身体，他快乐的性格，他火一样的脾气，助他越过了道道关隘，没像他的朋友、翻译家傅雷那样，受不了屈辱，抱着妻子梅馥双双跳楼身亡。

多亏了他的伴侣甘少苏。甘少苏陪了他40年，没有甘甜，只有苦楚，她丝毫没有动摇。梁宗岱是她的丈夫，更是她的恩人。撇开夫妻情感，哪怕为了报恩，也要坚守不渝。

甘少苏说，那时"他救我于水深火热之中，让我恢复了人的尊严"。梁宗岱失去了人的尊严的那些年里，至少还有伴侣，还有家庭在。

他很为此自豪。

沉樱1967年退休后，开始了一个作家皇后般的乡村写作生活。她开始自办家庭译文出版社，最多一年出版九种译著。她把译作统编为"沉樱译书""蒲公英丛书"，把自己的散文《沉樱散文集》《散文欣赏》（一二三集）等编为蒲公英丛书，自己包销。评论家赞叹道："在中国现代文学史上，作家自办出版社，能长久生存者甚少，多数最后总要倾家荡产。但沉樱却是成功的一例。"

一个女作家，60岁后，完美了作为艺术家的自己。

谈到自己的婚姻，她说与她山东姑娘的脾气有关。这话很男人气。她的女儿梁思薇评价她的父母："母亲对父亲一直是又爱又恨。他们俩其实都相互的欣赏，相互的关爱，但因两个人个性都太强，永远无法相爱。母亲毅然离开父亲，并不一定是因为父亲对她用情不专，而是由于性格不合。"

这对又爱又恨的冤家，一个1983年病逝在岭南，埋骨本土；一个1988年客死美国。

本该牵手温柔走完一生的人，最终半个世纪，远隔千山万水，再没相见之日。

一段佳话？一段悲情？没人说得清，留下的只有惋惜。

六

1944年秋，蒋介石有意请梁宗岱入他的智库，曾三次派人拿着他的亲笔信去邀请，都遭拒绝。蒋介石派其亲信徐道麟坐蒋的专车去复旦大学，要接他去见蒋。老同学，推不开了，梁宗岱谎称自己刚下课，肚子很饿，就拉上校长一同去饭馆。餐桌上，梁宗岱三杯两盏把自己灌倒了，摇摇晃晃地对徐道麟说："今天不能去拜见总裁了，改天吧，改天吧！"

沉樱生前曾嘱咐女儿思薇说："活着一直不愿加入美国籍，死后也要尸还故国。并且希望安葬北京。"

林徽因：开不败的四月花

——林徽因的贵族气、学养与才气

你知道她是谁，可你未必真知道她是谁。

她一直活在童话里。

一

她是林徽因。

说不尽的林徽因。可还要说。

看名字的来处，《诗·大雅》："大姒嗣徽音，则百斯男"。

后避一个谐音的女作家，改名徽因。林徽因名字是祖父取的。

祖父林孝恂，进士，学者，历任浙江金华等地知府，留学日本时，跟孙中山散财反清。

父亲林长民毕业于日本早稻田大学，擅诗文，工书法，留日学生总会领袖，民国初期知名的革命家，民国司法重要缔造者，曾任司法总长等要职。民国初年，风云变幻，职务轮换得多，时高时低，不过就高不就低的现象，不像后来那么严重。这是贵族气，而不是官僚气。

一定还记得那篇让灵魂悸动的《与妻书》吧？它的作者是林觉民，"黄花岗七十二烈士"之一。

林觉民是林徽因的二叔。

林家是福州三街七坊的望族。望族，永远向前而不故步自封。

你会想到当下一个叫响的名字：屠呦呦，"呦呦鹿鸣，食野之苹"。再翻翻屠呦呦的家史，那也是书香门第。"呦呦"来自《诗经·小雅》。

民族危亡之际，书香浸润出更多国家使命，民族担当，历史责任，超越自我，超越生命，更超越鄙视蝇营狗苟的利益撕咬。

说林徽因，明了她的家世，才能说清楚。

二

说林徽因是美女，有点轻佻。说林徽因是魅女，还算合适。林徽因是科学家，不仅仅是民国才女。

提起林徽因的婚恋，人们总会津津乐道她与三个男人的关系。在她绚丽的生命中，徐志摩是个富丽的花边，金岳霖是个浓重的影子，而梁思成作为她的伴侣，是胸前光彩的配饰。他们相互争辉。

林徽因与他们的关系耐人寻味。

1920年春，16岁的林徽因随考察欧洲宪政的父亲林长民暂居伦敦。在伦敦剑桥大学旁听的徐志摩闻讯前去拜访名流林长民。他曾经听过林长民的演讲。在林长民的寓所，他遇到了小自己8岁的中学生林徽因。

异地相逢，异域生活，在两人逐渐增多的接触中，很有文学趣味的林徽因被浪漫倜傥的徐志摩的魅力所吸引。桥上身影，湖畔密语，文字唱和，他们的感情在发酵。不久，徐志摩就给林徽因写了一封示爱的信。这让情窦初萌的林徽因不知所措，忙把信交给了父亲处理。

作为民国的法律专家、曾经的司法总长，林长民是冷静的。以他的观念，不会让女儿选择腐味的国学，缥缈的文学。世家出身的他给女儿选择门当户对的家庭嫁出去的念头不是没有过。于是，他给徐志摩回信道："阁下用情之烈，令人感悚，徽亦惶惑不知何以为答，并无丝毫嘲笑之意，想足下误解了。"一个"误解"客客气气，极有分寸地替乖乖女儿拒绝了徐志摩，没有伤害。

林徽因不久随父亲回国，就读于北京教会培华女子中学。

1924年，林长民与梁启超约定，20岁的林徽因与23岁的梁思成订婚。梁启超是近代维新派领袖，也曾任民国的司法总长，学界政界，影响深远。

同年4月，泰戈尔访华。徐志摩和林徽因同为泰戈尔翻译，同台演戏，不回避，不搅和，彼此保持着常态交往。这种大器、情怀、超越的情感处理，放进较为偏狭的文化圈里显得极其宝贵。此时的徐志摩感情纠缠在陆小曼、凌叔华之间，但是，不能说对林徽因没有侧倚，但彼此都保持了应有的克制。

见证他们情感真挚的标志则是徐志摩的飞机失事。1931年11月19日，在南京任教的徐志摩为赴北平参加林徽因的演讲，雾天里搭乘的邮政飞机在济南党家庄上空失事。前去处理丧事的梁思成捡了一块飞机残骸带给林徽因，林徽因就把它挂在卧室里，直到二十四年后她去世。

这块残骸无言地告诉人们，她和徐志摩之间有着纯真而深刻的感情。它也用另一种语言诠释着，梁思成令人钦佩的绅士风度。

林徽因情感话题很多，但是，没有噱头，只有敬重。

三

林徽因的"太太的客厅"是中国现代学界的一朵奇葩。

那时，林徽因一家租住在北京总布胡同3号的一个四合院，"太太的客厅"就在那里诞生，它因此成为现代学界的经典记忆。"太太的客厅"凝聚着一批最优秀的知识分子，形成了一个独特的交流平台。这个"客厅"中的常客既有哲学家金岳霖，政治学家钱端升、张熙若，经济学家陈岱孙等，也有如胡适、费正清、沈从文等名流，还有面目如春的萧乾、卞之琳这样慕名而来的在校大学生。不管来访者出身、职业或社会地位呈现出怎样的面貌，只要他们被这个象征着当时北平知识界顶峰的"客厅"所接纳，就可以融入一个知识贵族的私有空间。

林徽因的"太太的客厅"，与其说它是中国式的文人结社的现代延续，不如说是近代欧洲启蒙运动时期的沙龙等公共空间的"东方版本"。

"太太的客厅"是一种纯净的文化沙龙，是俱乐部。可林徽因主持的沙龙，不简单是乐，有诗，有哲，有理，有学说，她让周末文化走出了剧场、舞场、麻将桌等低俗文化，将雅文化、开放的文化，引入这座古城，这个古老的中国。它是一缕清风，一朵幽兰，一轮明月，不需要批判什么，而那气息，那光彩，氤氲所至，便让中国这个古老的躯体深呼吸一口。

著名作家萧乾曾深情地描绘"太太的客厅"的太太的光彩

照人的形象："她话讲得又多又快又兴奋……她不是在应酬客人，而是在宣讲，宣讲自己的思想和独特见解。女人敢设堂开讲，这在中国还是头一遭……她是具有创造才华的作家、诗人，是一位具有丰富审美能力和广博智力活动兴趣的女子，而且她交际起来洋溢着迷人的魅力。"

1915年，湖南二十多位热血青年在长沙成立"新民学会"，要求会员革新学术，砥砺品质，改良人心、风俗，做到：不虚伪，不懒惰，不赌博，不狎妓。

与此同时，蔡元培在北京大学倡议成立"进德会"，旨在改造社会风气，相约八条"德律"：其中有不狎妓，不赌博，不置妾，不吸烟，不做官等。

这是"五四"提倡新文化，反对旧文化；提倡新道德，反对旧道德的一个成功的实验场。

"太太的客厅"，也是新民道德的实验场。

写《城南旧事》的林海音，作为作家和编辑，她在台湾组织"太太的客厅"，与之相比，已是缩印版。

没有林徽因，就没有"太太的客厅"。

中国没了贵族，起劲儿地说"太太的客厅"，已在说着百年旧事了。

四

　　林徽因真正的贡献是建筑科学，她和她的丈夫梁思成都是中国现代最杰出的建筑科学家，是中国现代建筑科学的重要奠基人。作为诗人被人津津乐道的林徽因，正应了那句话，一个人可以不做诗人，但不可没有诗情。而林徽因正是有诗情而又创作出一批诗作的科学家。

　　诗歌，是这个魅力女人额际的簪花。

　　1924年6月，林徽因和梁启超之子梁思成订婚后，同赴美国宾夕法尼亚大学攻读建筑学。因建筑系不收女生，林徽因即注册在美术系，但是她仍选修建筑系的主要课程，以圆自己的"建筑梦"。

　　1928年春，林徽因同梁思成在加拿大渥太华梁思成姐夫任总领事的领事馆结婚。这时，林长民因东北军的郭松林叛乱已意外去世四年了。

　　1928年8月，夫妻偕同回国，应少帅张学良邀请，一起受聘组建东北大学建筑系。林徽因在东北大学讲授《雕饰史》和建筑英语。

　　对于建筑，林徽因夫妇喝的是洋墨水儿，而中国建筑的博大精深，在她们的专业史卷里，只绘寥寥几笔。了解中国建筑的辉煌，把它发扬光大，推向世界，成了林徽因夫妇的使命。

　　1930年到1945年，绝大多数的时光，她们走出象牙塔，把紧跟紧随的一双女人的脚印和一双男人的脚印，烙在了大半个中国的山川大地上。她们共同走过中国的15个省，190多个县，考察测绘了2738处古建筑物，很多古建筑就是通过他们的考察推介，被中国知道，被世界认识，从而加以保护。像河北的那座赵州桥、山西应县木塔、五台山佛光寺……在山西的数次古建筑考察，使梁思成破解了中国古建筑结构的奥秘，完成了对《营造法式》这部建筑学"天书"的解读。

那时的考察条件艰苦，肩挑，背扛，手提；赶个毛驴，雇个向导，是奢侈。山西的深山大壑，西北的黄土沟塬，西南的崇山峻岭，万水千山都靠双脚踏遍。素来身体柔弱并患有严重肺结核的林徽因，全依赖药物维持，却丝毫不懈怠追求。

我见过一张林徽因爬上一座古塔测量建筑坛顶的照片，那一刻，真希望她是一只燕子，轻轻地飞来，轻轻地落下，毫无危险，没有坠地的生命之虞。这不是诗人的浪漫翩然，而是科学家献身精神的定格，是一个全身心涌动着贵族气脉之人，对自己的选择坚韧执着、毫不气馁的飞升。

想想"太太的客厅"里光彩照人的太太，想想塔顶上那个置安危于不顾的教授，时隔80年，还想为她点赞。

神马都是浮云，浮云并不都是神马。

她把考察、科研、教学，紧密结合起来。

他们对中国建筑教育学的贡献也是开先河的。1931年，林徽因受聘于北平中国营造学社做研究，夫妇同时联合创建了清华大学建筑系。单独或夫妇合作发表了《论中国建筑之几个特征》《平郊建筑杂录》《晋汾古建筑调查纪略》等论文和调查报告。林徽因为署名梁思成的专著《清式营造则例》一书写了绪论。这是一部中国建筑史上里程碑式的著作。

梁思成对女儿说，我所有的著作都倾注了你母亲的心血。这话意味隽永，其实那些署名梁思成的作品，无不熔铸他们夫妇合作的力量。

一个高贵的女人，一定要让自己的男人在他所善长的领域翘楚拔萃。

五

抗战爆发，林徽因夫妇共赴国难，全家辗转到昆明。

1940年，她随梁思成所在的中央研究院迁到四川宜宾附近的李庄，住在低矮破旧的农舍里。瘦弱的林徽因提着木桶汲水，扛着米袋赶集，挎着篮子园里摘菜，头顶个蓝布盖头，用半干不湿的柴草做饭。满屋子青烟，呛得本有肺病的她常常咳嗽不止，一顿饭要拎着烧火棍儿多次跑出来换气。

颠沛流离的辗转和物质极度困乏的折磨，林徽因旧病复发。在病榻上，她孜孜不倦通读《二十四史》中关于建筑的记载，探寻草蛇灰线，为写《中国建筑史》发掘资料，常常微弱的孤灯陪伴到天明。

1937年11月，1939年1月，林徽因一家两次险些丧命于日军的轰炸中，三弟林恒于1941年在对日作战中阵亡。

国破流徙，一个学者仍与祖国共命运，把灵魂停在事业的高枝上，瞭望，做巢。

在海外的亲戚，一封封殷切期盼的信函，邀请林徽因夫妇到美国搞科研，给林徽因治病、疗养。林徽因都婉转地回拒。爱国，不是空话，祖国蒙难，子女憔悴。

她把祖国的苦难，绘制成一首首坚韧、苍凉而又不屈的诗行。

六

1948年底，北平郊区的清华大学已被解放，困守书房的林徽因夫妇忧心如焚，解放军的大炮从不同的方向对准北平古城，那些享誉世界的古典建筑或瞬间毁于一旦。

局势将怎样发展？林徽因夫妇寝食难安。共产党代表请她夫妇编写北平古建筑名录，以免解放北平时战火焚毁。她夫妇标注了北平的古建筑名录，编写了《全国文物古建筑目录》，这就是后来的《全国文物保护目录》蓝本。

北平的古建筑1949年以前，避免了炮火的劫难；1949年后，却陆陆续续在劫难逃。为保护它们，林徽因夫妇舍身相保，拼命一搏。

1950年初，梁思成因提倡新建筑用大屋顶等传统形式和保护北京古城而多次遭到批判，但梁思成毫不退缩。

1953年，北京市开始酝酿拆除牌楼，对古建筑的大规模拆除开始在这个城市蔓延。梁思成通过各种渠道，竭力阻止。他曾对周恩来动情地说，你们这样做会后悔的。

副市长吴晗负责此项工作。吴晗本是胡适学生，因研究明史写作《朱元璋传》与毛泽东走动密切，从教授转身副市长。

为了四朝古都仅存的完整牌楼街不致毁于一旦，梁思成与吴晗发生了激烈的争论。吴晗言辞激烈，毫无学者风范，气得梁思成当场失声痛哭。林徽因痛心不已。不久，在文化部召开的文史会上，林徽因指着吴晗的鼻子，大声谴责他。古建筑学家陈从周回忆道："虽然那时她肺病已重，喉音失嗓，然而在她的神情与气氛中，真是句句是深情。"

牌楼早已随着文化浩劫一同烟消云散，但林徽因当日的金刚怒目，是她生命中最灿烂的华章。随后，林徽因的病情急剧恶化，拒绝吃药救治。1955年4月1日6时20分，林徽因病逝于同仁医院，享年51岁。

林徽因被安葬在八宝山革命公墓。墓碑底座是她为人民英雄纪念碑底座试雕的汉白玉须弥座样品。人们把它作为一篇独特的鲜花簇拥的墓志铭，奉献给它的创作者。

七

需要捡拾一下林徽因的踪迹。

1928年，林徽因设计的"白山黑水"图案作为东北大学的校徽一举夺魁，拿下比赛的最高奖金。

1931年，设计北平大学地质馆和灰楼学生宿舍。

1938年，设计了云南大学具有民族风格的女生宿舍。

1945年，为美军轰炸图标注著名的文化古迹，以免误炸。

1946年，设计清华大学教师住宅。

1949年，参与设计中华人民共和国国徽。

1949年，设计八宝山革命公墓主体建筑格局。

1951年，抱病研究抢救景泰蓝工艺，并合作制作了一批名品。

1952年，与梁思成、刘开渠主持设计人民英雄纪念碑。

无需给林徽因的人生戴什么桂冠，想一想那些建筑，哪一座不是凝固而飞翔的诗章？这诗里，有弦音，有吟唱，有轰响，有火光，而四月的彩云间，飞天展翼翱翔。

刘半农：北大的三兄弟教授
——刘半农和他的弟弟刘天华、刘北茂

一

　　江阴的刘宝珊生了三个儿子，长大后都做了国立北京大学的教授。不少人都知道这三个教授的名字，只是不知道他们是亲兄弟，往起一拼，会让不少人大吃一惊：啊，他们原来是兄弟！

　　老大刘半农，语言学家，诗人，教育家，新文化运动的主将。

　　老二刘天华，音乐家，教育家，作曲家，著名的二胡演奏家。

老三刘北茂，音乐家教育家，作曲家，著名的二胡演奏家。

他们的父亲刘宝珊，是个穷秀才，家境寒淡，三兄弟都靠自学成才，名震百年。

二

刘半农出生在1891年，字半侬，取"红袖添香夜读书"的意思，鲁迅和北大教授就"骂"他老想好事儿，他就把"人"字去掉了，改叫"半农"。

刘半农常州府中学毕业，参与编辑《江阴杂志》，接着参加了辛亥革命，做文秘。干了一段时间，觉得不是那回事儿，就带着小四岁的弟弟刘天华南漂到上海去谋生，在开明剧社任编辑，也跑龙套，也演配角。接着，去中华书局任编译员，他是个拼命三郎，在《小说界》《时事新报》发表创作作品和翻译作品40多篇（部），较早或最早地把安徒生、小仲马、托尔斯泰、屠格涅夫、高尔基等作家介绍到中国来。他最早把散文诗介绍到中国，并把它确立成一种文体。

为挣钱糊口，他写了大量的"鸳鸯蝴蝶"小说。那时，署名"半侬"。

1917年，刘半农"屌丝人生"逆转。他在《新青年》上发表《我之文学改良观》等文章，对文学革命从形式到内容都提出深刻见解。陈独秀向蔡元培举荐，同年夏，被蔡元培破格聘为北大国文教授。

三

新文化运动有一位后台老板，是蔡元培。有两位旗手：陈独秀和胡适。有两员猛将：钱玄同和刘半农。

刘半农到北大不久，就参加了《新青年》的编辑工作。1918年初，他和钱玄同合演了一出"双簧戏"，成为新文化运动的佳话。那时，《新青年》为推动文学革命运动，由钱玄同化名王敬轩，搜集社会上复古派反对新文化运动的言论，写信给《新青年》编辑部，再由刘半农写回信逐一批驳。两封信同时发表在《新青年》第4卷第3号，直刺守旧派，引起很大震动，不啻给新文化运动火上浇油。

来自草根的刘半农，关注民间文学和民间文艺。他到北大后，做了一些鲜活的、为"正宗"的国学大师所侧目的事儿。一是倡导主持北大的歌谣运动，他倡导新诗创作向歌谣学习，把歌谣作为文学创作的养料，为歌谣进入研究领域做准备。他和周作人首倡歌谣征集与研究，使民间文学进入学术研究的视野并为之在学术界争取了合法地位。"他的民歌采集和研究方法，他对民间文学及相关概念的界定、研究中的多学科视角和民间立场，对中国现代民间文艺学的学科建设做出了重要贡献"。之后的中国学界，才慢慢有了民间文学专家教授。

他还做了件"找骂"的事儿，也成了当时学界的谈资。

刘半农研究方言，想编一本"骂人专辑"，就在报上登启事，征求各地的"骂人语言"。语言学家赵元任见到启事后，立即赶往刘半农的宿舍，用湖南、四川、安徽等地的方言把刘半农"痛骂"了一顿。助阵的周作人赶来，用绍兴话把刘半农"骂"了一顿。刘半农授课时，又被学生用宁波、广东的方言乱阵"笑骂"。他去拜会章太炎，章"疯子"，摆学问，用"汉骂""唐骂""骂"他，再告诉他典出何处。

刘半农对"俗文学"一往情深。传说、故事、俗曲、俗乐、谚语、谜语、歇后语、叫卖声等"凡一般民众用语言文字音乐等表示其思想情绪之作品"都加以研究，很短时间就完成了《车王府俗曲提要》《俗曲提要》《宋元以来俗字谱》等书的编写。

屡开先河的"俗教授"，在大学里被人骂作"浅"，热闹了一阵子后，他自己也有所反思。1920年，他登上了留学欧洲的旅程，先后在伦敦大学、巴黎大学学习语音学，五年后获得法国国家文学博士学位，所著《汉语字声实验录》，荣获法国康士坦丁·伏尔内语言学专奖，是中国首位获得国际语言学大奖的学者。回国后，任北京大学国文系教授，讲授语音学，兼任北大研究所国学门导师，建立了语音乐律实验室，成为中国实验语音学奠基人，主政北京女子理工学院。他是一位爱国者，留学期间创作的《教我如何不想她》，由赵元任谱曲，传唱百年而不衰。他是"她"字普及使用不遗余力的推动者。

1934年暑期，为完成《四声新谱》《方音字典》和《中国方言地图》的编写，冒着酷暑深入绥远、内蒙考察方言方音，不幸染上"回归热"而病逝，年仅44岁。留下《半农杂文》《扬鞭集》等文学作品。

蔡元培、胡适等，对他的文学精神和科学成就都给了极高的评价。

四

刘天华不到20岁就参加了辛亥革命军，掌军号。这是他最嘹亮的音乐人生的开始。

与哥哥共进退，17岁随大哥漂到上海的刘天华，在开明剧社搞音乐伴奏、演奏。各种西乐器，管弦乐器、钢琴等，他都潜心学习，尤以致力于铜管乐器，并对西洋作曲理论有所接触。这得益于中学时期，他是学校军乐队队员。

1914年，开明剧社解散，刘天华返回故里，任小学教师，开始了他的音乐教育生涯。第二年，丧父，失业，染病，心情糟透了，徜徉集市，买了一把二胡，拉来拉去，便酝酿了他的杰作《病中吟》。悲情，郁闷，空怀壮志的愁苦尽藏其中。当年秋，到常州中学任音乐教师，组建了军乐队和丝竹合奏团，教学之外，也到民间演出。假期里，他拜访江南民间音乐家，向他们学习二胡、琵琶、三弦等民间器乐的演奏，请教一些作曲技法。江南音乐的婉转清丽，给了刘天华更多的创作灵感。他又折身向中原学习粗犷奔放的民间音乐，淮河流域，黄河流域，留下他艰辛求索的足迹。感受佛教音乐的魅力，潜心各地的小戏小唱特色。厚实的积累，沉淀，酝酿，让年轻的音乐家创作如火山喷发，《病中吟》《月夜》《空山鸟语》等二胡杰作诞生。

年轻的刘天华，很快"弦动天下"，先到上海参加老管家"开明剧社"乐队，在江阴组织暑期"国乐研究会"，传授《病中吟》《月夜》《空山鸟语》等绝响名曲。27岁，任北京大学音乐传习所国乐导师、北京女子高等师范和国立艺专音乐系科的二胡、琵琶、小提琴教授，名震京城。

刘天华入京之后，有两大突破性的进步：一是系统学习西洋创作方法，二是改进二胡演奏和整理民间二胡曲目。

他先后向任教北京的西方音乐家托诺夫、欧罗伯学习小提琴演奏和音乐创作，逐步形成自己的教学和创作思路，把自己的演奏和创作，更好地向理论标准和国际化提升，把民间音乐、民族音乐，融入更多的国际元素。

他向高端的"艺术中的艺术"昆曲学习，在家中组织昆曲社，拉三弦，赏京剧，师生共同研磨，将各种艺术的荧光聚成月光，在弦上明亮。

刘天华创办"国乐改进社"，目的在于激励中国音乐家，不仅要守住自身的传统，更要把中国音乐的好处发扬光大到世界。他把国乐改进社作为平台，作为舞台，致力于改进国乐，反对音乐成为"贵族们的玩具"，提出音乐"要顾及一般民众"。他不赞成抱残守缺的"国粹主义"，认为发展国乐，必须从东西方的调和与合作之中，打出一条新路来。

他还编辑出版了我国最早的音乐刊物——《音乐杂志》。创作也在不断跟进，琵琶曲《歌舞引》《改进操》《悲歌》定稿。他把这一时间困窘的生活谱成二胡曲《苦中乐》。

天妒英才。刘天华在创作完《独弦操》《烛影摇红》后赴天桥收集锣鼓谱，染上猩红热，这位"现代民族器乐之父"一病不起。时年37岁。

二胡，从伴奏器乐，飞升到独奏器乐，刘天华用他年轻的心血，只手撑天，形成局面。

现代二胡名曲，除了阿炳的《二泉映月》之外，恐怕你会记住《良宵》《空山鸟语》《病中吟》……

五

刘天华的猝然长逝，作为大哥的刘半农和小弟的刘北茂悲痛欲绝。他们首先想到刘天华天才的音乐事业，如日中天后，谁来继承的问题。

刘半农对形容枯槁的刘北茂讲："二哥子女尚幼，学生中争气的不多，看来二哥的事业要你来继承。"

刘北茂是两个哥哥一手拉扯大、培养起来的，他毫不犹豫地操起了音乐。

刘北茂1903年出生，英语天才。他记忆力好，小学在教会学校学英语，上高中即在本校教英语，后从东吴大学插班到燕京大学，29岁任北京大学英语教授，也是国内屈指可数的莎士比亚研究专家。

刘北茂做事极其投入，他将自己所从事的英语文学教学，慢慢地向音乐教育倾斜。他少年就受到二哥音乐手把手的亲传，很早就掌握了中外多种器乐的演奏技巧，尤其精通二胡、琵琶的演奏。他把二哥"改进国乐"的宏愿牢记心间，矢志在国乐创作、改进和演奏上，取得大的突破，默默地探索前行。

在二哥逝世三周年纪念会上，刘北茂声情并茂地演奏了刘天华的十大名曲，四座皆惊。人们感叹，刘天华最优秀的继承者横空出世了。

刘北茂在民族危难时刻，表现出崇高的气节。"卢沟桥事变"后，他的生活陷入困境。有朋友引荐他去伪教育部供职，他晓以民族大义，令对方羞愧而退。他称病请假，跨越千山万水，从香港折转到西北联合大学，在饥饿与炮火的跋涉中，不忘沿途采风，光大民族音乐。

他加入了民族音乐抗战的大合唱，创作了二胡曲《汉江潮》《前进操》和《漂泊者之歌》等。这些作品一改二胡苍凉沉郁、独抒愤懑的格调，深刻地反映了抗战时代风云和人民悲壮激越的斗争精神，把大时代雷鸣，纳入到二胡曲的创作和演奏之中，这是他对民族器乐的巨大贡献，也是站在他二哥刘天华肩膀上，对民族器乐时代化、国际化的跨越性的推动。于右任听后赞叹道："民族的伟大、人格的光辉，都要从艰险危难中表现出来。"

刘北茂性情淳朴，追求朴素的真理，对抗战期间共产党人所表现出的政权光辉表现出极大的热忱。1949年，他毅然留在了内地，留在高校，把二胡创作推向了前所未有的高度。他的创作，有了更多的暖度，更多的光明，更多的激昂，更多的赞颂，把那个时代热气腾腾的创造与发展，在一抽一拉的按捺中，尽情地挥洒出来。他创作了二胡曲《乘风破浪》《农民乐》《欢乐舞曲》《太阳照耀到祖国边疆》《愉快之歌》《美丽的包河》《千里淮北赛江南》《黄山观瀑》等上百首。

他是一位多产的作曲家，也是一位多情的作曲家。他创作的颂歌《缅怀》《流芳曲》和《迎朝晖》等二胡曲，不知感动了多少华夏儿女。

作为音乐教育家，他以乐育人，把创作的情感蕴蓄、创作的时代气息、创作的技法技巧，创作的人民性和独特的个性追求，毫无保留地传授给学生。他把家办成教学小课堂，对特殊学生放在掌心关爱。盲人音乐家甘柏林、颜少璋，每谈及他们的老师，总是未语泪先流。

刘北茂重情，接过了二哥未竟的事业；重义，对大哥一诺一生。重责，把民族器乐创作和教育，担上肩，起飞。

刘半农、刘天华，生命止于壮年，刘北茂让三兄弟的教育事业、艺术生命，更加华彩壮观。

六

刘半农、刘天华兄弟葬在北京香山碧云寺凤凰顶。初有蔡元培等名流题撰碑两块，后遭毁坏，散碎于侧。

江阴市西横街，有"刘氏三杰"纪念馆，一座二进六间二侧厢的建筑，三个天井，一个庭院，总面积400多平方米，陈列着刘氏三兄弟生平起居的情况及大量手稿、实物。这原是刘家故居。

一些实物，人破坏，时光会破坏，唯纸面留存，弦上不绝。

刘文典：蛾眉婉转只为君
——刘文典、吴宓与陈寅恪的男儿情事

一

民国教授有很多狂人，刘文典应该排在排头上座。

刘文典狂极，是因为他屁股底下坐有雄厚的资本。他的资本是独一无二，别人无法比拟、无法复制的。

刘文典一生传奇，18岁加入同盟会，在芜湖公学与陈独秀、刘师培同执教鞭。20岁东渡扶桑，从事反清革命。1913年，宋教仁在上海被刺时，他也现场喋血。当过国父孙中山的秘书。后弃政从教，当过北京大学、清华大学教授，安徽大学校长，是庄

子研究最叫响的专家。做个文人，他是厌倦了政界的不干不净而给自己寻求个栖身的清净之所，而不是被政治挤到台下的落水狗。一生"追随过孙中山，营救过陈独秀，驱赶过章士钊，痛斥过蒋介石"，被追杀过，蹲过大牢，最后在学界不朽。学界这样的头牌有几个？

这样的人敢狂。搓搓身上的灰条子，都够三流文人搅一缸水去卖银子。

现在人都喜欢吹刘文典是国学大师。"国学大师"没有确切的定义，不过他很保守，反对白话文，看不起新文学倒是真的。

一次在西南联大校务委员会上，当局提名沈从文为副教授，刘文典举手反对。当提名获得通过时，刘文典拍案而起，瞪着他稀疏的眉毛尖锐地喊："陈寅恪才是真正的教授！他该拿四百块钱，我该拿四十块钱，朱自清该拿四块钱,可我不给沈从文四毛钱！"随后又嘟囔着说："沈从文是我的学生。他都要做教授，我岂不是要做太上教授了吗？"夹起小布包子就要退场。

刘文典寒碜沈从文是出了名的。一次跑警报，被战争的日子和云南烟土折腾得就剩一架硬骨头的刘文典在几个学生的搀扶下刚躲进防空洞，看到沈从文慌慌张张地跑进来。刘文典面颊凹陷的瘦脸立刻拉下来了，骂道："你跑做什么！我跑是为了保存国粹，把我炸死了，就没人讲《庄子》了！学生跑是为了保留下一代希望。你死了怕什么？"满肚子小说散文的沈从文斜了他一眼，没有理会这一堆老骨头，继续往深处跑。

还是在昆明，还是跑警报。当警报在空中撕心裂肺地响起，小日本的轰炸机蝗虫一样成群结队钻下云层的时候，正被学生携带着跑警报的刘文典忽然想起陈寅恪来，他尖锐地嘶叫着："快找陈寅恪！"

陈寅恪的学问在民国文人堆里居第一把交椅，是不容置疑的。但是，狂狷如刘文典者，竟称对陈寅恪的学问"十二万分"地钦佩。陈寅恪此时已视力模糊，身体虚弱，还有腿疾，可能还没有跑出简陋的寓所"入土为安"呢。刘文典带着几个学生气喘吁吁地赶到陈寅恪的寓所，他果然一脸凝重的端坐在椅子上，竟不走。刘文典晃着快散了架的身子，扯开他尖锐而嘶哑的嗓子，大声嚷嚷："保存国粹要紧！保存国粹要紧！"

一堆人在呼啸的轰炸声里把陈寅恪拽走了。

二

吴宓和陈寅恪是哈佛大学同学，加上汤用彤，时称"哈佛三杰"。他回国早，在东南大学、东北大学遛了两年，就到了清华。他是"十二万分"喜欢西洋文学的，到了清华却去组织"国学研究院"，主持工作。号称国学研究院四大导师的王国维、梁启超、赵元任、陈寅恪都在吴宓这个主任的三角旗下干事。吴宓最钦佩真学问的人，他这个主任做成了他们的干事、服务员。四

112

位大师中，没有学位的陈寅恪是他最为敬佩的人。

吴宓是现代文化史上著名的"学衡派"掌门人，因学问，因诗情，因滥情，因硬见西南局书记邓小平，成为民国文人中棱角极其翘楚的学人。他眼中没有多少鲁迅，可满心里都是比自己小五岁的陈寅恪。

哈佛相识，陈寅恪的学问识见让吴宓极其惊叹，风一般驰书国内："合中西新旧学问而统论之，吾必以寅恪为最博学之人。"

相见之下，吴宓颇多争议的一生里，梗直而颀长的脖子甘愿俯下来，甜蜜蜜地当陈寅恪的学友、粉丝，甚至"走狗"而甘之如饴。

1925年，吴宓担任清华国学院主任，第一件事就是排除困难聘请陈寅恪担任研究院导师。他帮助他处理日常琐事，两人一起唱和诗文，他们开始了亦师亦友近半世纪的交往。

抗战爆发后，清华大学南迁昆明，合并入西南联合大学，他们同为西南联合大学教授。战时的生活十分艰窘，连名教授也经常入不敷出，饥肠辘辘。吴宓的负担轻，尽力在生活上一把青菜一袋糙米帮助陈寅恪。他们投影翠湖，共论时艰，忧叹国事。陈寅恪多病的夫人不在身边，生活上的事务多是吴宓帮办。

1939年春，陈寅恪获得英国皇家学会研究员职称及牛津大学教授之职，预备携家赴英国讲学一年。端午节，吴宓满怀喜悦地在昆明海棠春餐馆为其饯行，并赋诗《己卯端阳饯别陈寅恪兄赴英讲学》，惜别之情如五月的栀子，馥郁爽洁。临行之日，吴宓再赋诗表达依依惜别之情。因欧洲战事阻隔，陈寅恪辗转香港又回到联大，心情黯然。吴宓赋《己卯秋发香港重回昆明又作》以示安慰。

昆明的警报仍在响着，国难，离愁，加上视力急剧衰减，一群蚂蚁咬噬着陈寅恪善感的心。吴宓成了陈寅恪家三天两头见的兄弟，说常客就显见外。一起跑警报，收藏陈寅恪每一张即兴的诗稿，处理柴米油盐酱醋茶，无处不见吴宓挺着梗直长脖子的笨拙身影。1940年，陈寅恪二度去英，香港战火燃起，滞留港大，进退两难。吴宓日夜忧虑陈寅恪的安全，直到他脱险归来，才把一颗悬着的心放下来，两人诗歌酬唱庆祝重逢。

陈寅恪的父亲陈三原是清末著名的新江西派诗人，诗作影响一时。1943年春天，吴宓用半个月的时间重读了陈三原的全部诗作《散原精舍集》四册，写出独具见解的诗话。

1944年，陈寅恪双目失明，手术没能成功。吴宓及时和学生一起，日日陪伴陷落黑暗的陈寅恪，多方宽慰，算是把他从失望中打捞出来。1945年，陈寅恪再次受到牛津大学邀请，他想一举两得，把眼睛治好。吴宓很是支持，为他办理出国签证，购买机票，特意请熟人途中悉心照顾，并送上无限的祝福，以致把自己累倒。

国民党政权垮台以后，这两位都列入了国民党抢救计划的学人，同时留在了大陆，吴宓留在西南师范学院，陈寅恪留在了岭南大学（后合并到中山大学）。政治风雨的击打，千山万水的壁障，割不断两人飞翔的心。1953年，中央批准中科院成立三个历史研究所，拟由郭沫若任第一所所长，陈寅恪任第二所所长。陈寅恪坚辞不就。1963年，吴宓千山万水来广州看望老朋友，陈寅恪把心中岩石一样无限激愤的块垒，一股脑儿吐出了山崩地裂的不就所长职务的"七个不"，表明他的决绝之心，同时，把他1963年创作无法出版的《论〈再生缘〉》油印本赠给老朋友，算作对多年老友的一份永久的回赠。

三

民国的文人都很个性，"个性"说穿了是很自我，"很自我"说穿了是舍我其谁？刘文典、吴宓的个性是鲜明彰显的，都有"舍我其谁"的派，可是，他们在陈寅恪面前妩媚地蛾眉婉转，表达出了一个时代对真学问真钦佩的风尚。

钱玄同："猛将"的柔情
——钱玄同和他的悉悉索索的家事

一

在"五四"新文化运动中，有两员猛将：钱玄同，刘半农，他们像曹营里的张辽、许褚，战鼓一响，光着膀子往前冲，不畏生死。钱玄同更像一个炮手，每发一炮，火光惊天，弹痕遍地，至今还在影响着我们的生活。

1917年，这个浙江吴兴的年轻人，作为北京大学的教授，参加《新青年》的编辑工作。刚从上海移家北大的《新青年》有些寂寞，钱玄同便去拉作者，首先就想到了同门师兄周树人。周树人那时任职教育部，整天在绍兴会馆摩挲带有墓气的古货。两人关于"铁屋子"一番激辩，周树人便创作了小说《狂人日记》。钱玄同跑了两趟，意外跑出个新文学的主将"鲁迅"来。新文学为之一变。

还是《新青年》，1918年，稍一沉寂，他和刘半农演了出"双簧戏"，自己化名王敬轩，写了篇《文学革命之反响》，罗织新文化运动种种罪状。刘半农洋洋洒洒写了万字《复王敬轩书》，逐一批驳，都发表在《新青年》上，一场论战引起各界关注，是新文化运动标志性的大胜仗。

钱玄同是个"病夫"，体质弱，可一拿起笔，冲锋陷阵，就刚猛异常。他甚至激烈地要求，废除汉字，"汉字不死，中国必亡"。对保守派愤言："人到四十就该死，不死也该枪毙"。鲁迅听了就不高兴，那年他37了。

不过，钱玄同也是"谋夫"，他提出用"国语"作文，文章加西化标点符号，用阿拉伯数字书写数目，采用公元纪年，书写方式改左行直下为右行横迤等，都是首倡。1923年胡适主持"整理国故"编写出版的《国学季刊》开始全盘搬用了钱玄同的主张，至今使用百年。这在当时是一件惊天动地的事情，"当时只道是寻常"？

1939年，被病痛折磨半生的钱玄同突然去世。《文献》发表《悼钱玄同先生》文称："在'五四'时期新文化运动之中，钱玄同的斗争精神，表现在任何一位同时代的斗士之上……"

二

当然，这话包括他不顾一切冒着炮火箭矢逃出本部阵营的豪举。

本来，钱玄同是在"国学世界"里腾挪跳跃的人，父亲叔父都是进士出身，和黄侃周家兄弟都是"章门"得意弟子，黄侃是"大疯"，他是"二疯"，是章太炎的股肱门生，著有中国大学里第一套音韵学教材《文字学音篇》。

钱玄同思想激变，始于他在日本早稻田大学留学，源于他急于改变中国社会积贫积弱现状。

钱家从哥哥钱恂开始，满门留学生，现在成为一门研究课题。

钱恂是晚清著名外交家，曾任荷兰、意大利等国使臣，见识广泛，思想开明，和海外维新派多蛛丝相连。做张之洞幕府期间，任湖北留日学生监督，东西洋考察宪政大臣参赞官。钱恂曾任武汉大学前身——湖北自强学堂的校长。聘请师资、制订章程、筹措经费、建筑校舍、管理师生、编订教材、组织教学等一揽子事物，均由他一手操办。不夸张地说，他是武汉大学的奠基人。回国后任北京政府参政院参政，民国后任浙江图书馆总理，著有《天一阁见存书目》《二二五五疏》《中俄界的疏注》《壬子文澜阁所存书目》。

钱恂的留学生监督和外交生涯，给钱氏一门源源输出留学生提供了便利。他的妻子单士厘说："留学日本之举，是我老公所创议的，钱滮为先导。老公总讲日本文明、世界文明得输入中国，比曾国藩始创留美，沈葆桢始创留学英法都早，而开中国两千年未开之风气，为有功于四万万社会，诚非虚语。"

钱恂两个儿子、一个儿媳、一个女婿全部赴日留学，钱家后辈人几乎无一例外都有留日经验。

钱恂有一位了不起的太太——单士厘。单士厘有谋略，有文采，文兼中西，裹着小脚随丈夫走遍世界，还创作了两本质量很高的游记《癸卯旅行记》和《归潜记》，至今颇有名气，在钱家卓有地位。

三

钱恂是钱玄同同父异母哥哥。钱玄同出生那年，父亲63岁，老来得子，期待高，要求严，可没几年这个一生仕宦颠簸的老进士就作古了。

钱玄同由大他32岁的哥哥嫂子一手扶助长大，留学日本，回国任教、任职，进京教书，多得钱恂的提携和帮助。而单士厘对钱玄同的生活也悉心关照。在日本留学时，钱玄同生病，单士厘就曾亲自给他熬药送饭，陪日语不精的小叔子去医院看病。钱玄同留日时的费用由哥嫂供给。零花钱，要多少给多少。

兄友弟恭。钱玄同对哥哥始终有几分惧怕。他搞《新青年》，一直瞒着哥哥，后来哥哥看见了，没说他什么，他悬着的心才放下来。"他极端反对阴历，绝对不再行拜跪礼，但他哥哥逝世前几年，他还是依旧于阴历年底带着妻子到他哥哥家里去跟着拜祖先；他常陪着他哥哥和嫂嫂同到德国饭店去吃饭，因为他哥哥是爱吃西餐的。嫂嫂八十岁时，著关于清代闺媛诗文的目录书若干卷，他给付印，亲自校对，并给她编了一个依着《广韵》排列姓名的索引"。茅盾先生回忆他们兄弟相处的情景则更有情趣：秋老虎时节，钱恂身穿夏布长衫，手持粗蒲扇，儿子钱稻孙高举洋伞跟在其身后，弟弟钱玄同和他并排，但略靠后，一行人安步当车，在湖州的大街上漫步。这种让茅盾印象深刻的情景体现的正是一种家族内的伦理秩序。应当说在钱玄同和长兄长嫂的关系之中，既有礼，更有情。

既然哥嫂对自己无所不包，那么，他们给订的这门亲事，也就推托不得。何况，是这样一家女子呢？

四

那女子叫徐婠贞。1904年，17岁的钱玄同由哥哥做主，和徐婠贞订婚。

徐家可不是寻常人家，祖父徐树兰举人出身，曾任职兵部郎中、知府等，绍兴著名古越藏书楼就是他建的。蔡元培年轻时曾在古越藏书楼校书。父亲徐元钊是钱玄同父亲的学生，钱徐两家堪称门当户对的世交。不过对这门婚事，钱玄同似乎并不怎么乐意接受，他们结婚的场面很阔气，可他感觉是看了一场别人婚礼的热闹。

留学生包办婚姻危机多，钱玄同过得怎样呢？

钱玄同一辈子没交过女朋友。有人劝他纳妾，他说，那样我对不起学生，《新青年》主张一夫一妻，岂有自己打自己嘴巴之理？他讲责任，讲道义。1923年，徐婠贞开始生病，钱玄同服侍她汤药近二十年。一次，徐婠贞病重，钱玄同去找杨步伟给治病，紧张之下，竟结结巴巴说不清楚，最后在屋里走来走去，冷静下来才告知她妻子病重了。这件事，或许能说明很多问题。

1926年，徐婠贞被确诊为子宫颈肿瘤，采用当时罕见的放射疗法，每天花费二十块大洋，一度生命垂危。他向胡适诉苦："一年多以来，贫（我）病（我妻）交攻，心绪恶劣，神经衰弱。"以自己多病之躯，承受如此压力，没有责任也许早就放弃了，何况徐婠贞一直讳疾忌医呢！1949年，徐婠贞告别人世，而钱玄同去世整十年矣。

钱三强兄弟回忆父母的生活时说："他和我们的母亲虽是旧式婚姻，但家庭生活一直很和谐。"

真心说，用"琴瑟和谐"来形容，应是夸张了，旧式婚姻，做到这一步，已够暖人心怀了。

五

钱玄同三岁读书，脸对着书柜背父亲编的《尔雅》，父亲督战，他每日背到双腿僵直，由家人抱着上床入睡，如此多年。苦读让少年钱玄同功底扎实，年轻时曾感叹，多亏那时功夫，才有了国学积累。这种学法，让体质本来羸弱的他在疾病缠身之后，渐渐醒悟，幼年读书方式是对身体的摧残，所以，他对自己孩子的教育实行最宽松的策略。

钱玄同和徐婠贞共育成三个儿子，他按照自己设想，送儿子到北京高等师范附属小学和孔德小学读书，那里在国内率先使用白话文教学和注音字母进行启蒙教育。钱玄同儿子们上学年龄，正是他为新文化运动激烈地冲锋陷阵的时候，曾著文称理想的教育是"少受他们的家庭教育，少读圣经贤传，少读那些'文以载道'的古文，多听些博爱、互助、平等、自由的真理的演讲，尽两手之能而常事工作。如此，则庶几可为将来新中国的新人物"。还为他们定了《小朋友》和《儿童世界》作为课外读物。他的三个儿子成绩优异，都是北大、清华毕业，都有留日、留欧的求学历程。

作为教育家，钱玄同注重反复对儿子灌输励志教育和报国之志教育。1933年，20岁的二儿子钱三强正读清华大学。"双十节"那天，钱玄同题赠儿子"从牛到爱"四个字，鼓励钱三强要有牛劲，要学习牛顿和爱因斯坦。这四个字凝聚了钱玄同对儿子成为"新人物"的殷殷期待。钱三强终生把这四个字当座右铭，将它挂在室内举目可及的地方，时时激励自己。作为中国最伟大的核物理学家，钱三强临终时，嘱咐把这四个字镌刻在自己的墓碑上。

六

新文化运动早期，俞平伯的新诗创作数量和成就，仅次于"新诗鼻祖"胡适，应该高居"亚圣"的地位。但他老年以后，再没写过新诗，在豫南干校期间，创作了大量的旧体诗，记事抒怀。俞平伯的"诗三变"，对"五四"作家学者来说，有代表性。

钱玄同病中呻吟，也不免回顾"五四"时期所走过的年轻的路。检视一下自己的路和时代的脚印，会发现自己过猛，时代过快。虽有矫枉过正之说，但走得太快会处处伤痕。他听到了身后咔嚓咔嚓断裂的声音，也听到了裂帛一般撕裂的沉重痛吟，我们想甩掉更多的过去，但很快感到眩晕似的头重脚轻。

1920年钱玄同给胡适的信中就说，看见自己在《新青年》时的旧作"惭汗无地"，是指文采？1927年时更说自己数年前的谬论"十之八九都成忏悔之资料"，是指认知？思想？还是做法？

1938年元旦，狂飙突进的新文化运动20年，昔日的猛将，坐在桌前，挺直僵硬的脖子，铺纸蘸墨，写下了这样的文字。过去这样的文字叫新年献词，或是新年寄语，现在呢？

吾家三世业儒，故料量田产及经营米盐之事非所谙悉。我才尤短，更绌于治生之道，此致近年生活日趋贫困。你有志求学，作显亲扬名荣宗耀祖之想，自是吾家之孝子顺孙。数年以后，领得学位文凭，博得一官半职，继承祖业，光大门楣，便足以上对祖先，下亦慰我老怀，娱我晚景矣……我虽闭门养病，但自幼读孔孟之书，自三十岁以后（民国五年以后），对于经义略有所窥知，故二十年来教诲后进，专以保存国粹昌明圣教为期，此以前常常向你们弟兄述说者。今虽衰老，不能多所用心，但每日必温习经书一二十页，有时卧病在床，则闭目默诵，此于修养身心最为有益，愿终身行之也。

　　正在巴黎留学的钱三强，捧读家书，心里五味杂陈，他仿佛看到了两千年历史旅途上父辈们沧桑期盼的容颜。父亲那张猛士的面孔，怎么一下子黯然下来了？

　　他折好信，一种新的光宗耀祖的信念升起。

　　1948年，满身荣誉的钱三强归国前夕，生一女，取名"何祖玄"。

　　钱玄同，原名"钱夏"，抗战时，在北京恢复使用，"我是华夏子孙"。

沈从文：友情向右，无情向左

——沈从文和丁玲的情与非

一

1924年2月，北京起了干冷的风。在"窄而霉"寓所呆坐的沈从文迎来了两位年轻人，一男一女，男的叫胡也频，女的叫丁玲。丁玲是湘西人，小沈从文两岁，两人是喝一条沅水长大的。这一面之后的六十年，一对老乡恩怨纠缠着的行程，留在历史飘飘忽忽的血色记忆里，让人生发无限感慨。

脱下旧军装北漂的沈从文创作追求刚露一线生机。他的文章在《民众文艺》上羞怯地发芽，编辑就是胡也频。胡也频是海军肄业生，写诗，有南方人火样的热情，看到稿子就曲曲折折来看望沈从文。

和许多北漂的知识青年一样，沈从文和胡也频除了理想，几乎一无所有。他们谈天，喝开水，把肚子都撑着了，还喝。胡也频第二次来的时候，带来了一个微胖的"圆脸长眉大眼睛的女孩子"，她说她姓"丁"，沈从文就忍不住笑。姓"丁"的女子羞涩地望着沈从文笑。

胡也频说，她是听说沈从文长得"好看"，专门过来看看的。沈从文红了脸。那姓"丁"的女子其实姓"蒋"，叫"蒋冰之"，后来发表作品的时候署笔名"丁玲"。她就是中国现代文学史上大名鼎鼎的作家丁玲。

他们相识的时候，丁玲和胡也频正恋爱着。

丁玲出生在湘西一个没落的大地主家庭，在上海就学结识了瞿秋白等人，之后，来北京。说求学，也就是找个寓所住下，读读"闲书"，结交一帮子同样把命运押给明天的年轻人。胡也频也是过着这样生活的人。

过了一些时间，沈从文回访丁玲。让沈从文惊讶的是，丁玲住在窄狭潮湿只有一张硬板床的的寓所里，窗户墙壁糊满了报纸，泛黄的报纸上勾勒出一些熟人的脸谱。丁玲在为报考美术学校做准备。沈从文对一个女子如此窘困的坚守，充满了敬意。

丁玲要照顾母亲回家去了，不久，心神躁动的胡也频火一样地追她到了湘西。等到中秋节的月亮高高挂起的时候，丁玲和胡也频变成了一对小夫妻又漂回了北京。他们寻找的第一个人就是在西山慈幼院做后勤的沈从文。

沈从文、胡也频、丁玲三人开始此后多年的同一寓所生活，梦寐以求的是办一份属于自己的刊物，让自己的作品有说话的地方。他们学写同一种字体，同一种书写格式，四处投稿四处碰壁，困境中的三个年轻人如同落入一口深井的青蛙，一次次试跳，一次次回落到水面。

北平居，大不易。丁玲夫妇被鞭子赶到了湖南乡下。沈从文的文章渐渐在北京找到了园地，徐志摩主编的《晨报副刊》以及《现代评论》陆续发表了沈从文独具魅力的小说散文。胡也频在湖南写的诗歌寄给沈从文转给《晨报副刊》发表。迷茫的丁玲写信向鲁迅先生叩问人生出路。鲁迅知道丁玲是化名，问周作人，周作人一看字体说是"沈从文"。鲁迅憎恶男人化名女人，就未予理睬，其后还在一篇文章里狠狠奚落了此事，构成了一段佳话，一段怨语。

这是发生在1925年上半年的事情。

1926年，中国南方革命如火如荼地向北燃烧。青年尤其像飞蛾，总是喜欢向着有火的地方飞。很多青年逃离北京，向南，向南。沈从文、丁玲、胡也频身边安静了下来，他们想在北京依据《晨报副刊》等阵地发展自己，巩固自己。有一块园地不容易。他们在这些园地里很快长大，到1927年底，沈从文已出版了《鸭子》《蜜桔》两个散文小说集，抒写"他生命走过的痕迹"。沈从文开始了作为"京派"作家重要代表人物坚实起步。北京成了沈从文的福地。

二

革命是把奇妙的火,在前面举着照开各样的路。1928年的上海成了新书店如林、新刊物如笋的地盘,北平的刊物纷纷南迁上海。北京一片寥落。元月,沈从文像只逐暖的燕子,提着一只皮箱和满脑子的问题栖息在上海善钟里的一个亭子间。

柳丝扶风的三月,丁玲夫妻突然矗立在沈从文面前。他们去杭州,临时歇一下脚。室内唯一桌一椅一木床,夫妇俩就在地板上摊开铺盖卷住下。

夫妇俩经常尖锐争吵,多了,沈从文知道是丁玲出现了"感情的散步"。那个人叫冯雪峰。他们的"感情散步"起因于丁玲学习日语。那时,他们的日子稍有转机,丁玲想到日本留学,找了个北大旁听生冯雪峰教日语。冯雪峰是"湖畔诗人",文采风流一下子攫走了丁玲的灵魂。她希望能和胡也频冯雪峰两个男人世界里纵横日月。冯雪峰似乎也缠绵着这份感情,两个浪漫的人都想尝试三人世界的风雨淋漓。然而,被丁玲称为"伟大的罗曼史"的恋爱,不能为胡也频所接受。于是,吵闹成了家常便饭的事。

过了几个日子，两口子去了杭州，葛岭有冯雪峰租下的房子。又过了几个日子，胡也频一个人跑回上海沈从文住处，愤怒地申斥冯雪峰给他带来的尴尬和屈辱。沈从文教给他夫妻相处的道理，告诫他火上浇油只会将一切燃成灰烬。热烈如火的胡也频几天后回到葛岭，又一些日子，天热了，丁玲夫妇回到上海，不久，一切似乎归于平静。

这样，一段"伟大的罗曼史"，荣也好，辱也好，亦荣亦辱影子一样伴随丁玲和冯雪峰的生前身后。

上海《中央日报》的编辑和胡也频友好，邀请他担任副刊主编。胡也频、丁玲和沈从文一商量，将副刊定名《红与黑》。这一因由彻底激活了三个人办刊的梦想，他们三个人共同租住萨坡赛路204号（现淡水路），开始借债筹办《红黑》《人间》月刊。胡也频负责《红黑》，沈从文、丁玲负责《人间》，稿子几乎都是他们自己操刀而为。1929年1月10日和20日，《红黑》和《人间》相继出版，他们多年的幻想结出了果实。三个年轻人兴奋不已，相携到各书店去看销售现场，读者的好评让他们喜不自禁。《红黑》第一期就卖出了1000本，外埠也受到好评，三人大受鼓舞。

上海是当时全国最大的文化市场，也是激烈竞争的商品市场，各种主义在此激烈上演。三个书生在狭窄的缝隙里生存，困难之大不难想象。《人间》办到四期，《红黑》出到八期，不得不含恨关张。他们欠了一身的债。

在办刊激流中奋力游泳的沈从文出了多部集子，成了声名鹊起的文坛新秀，他就凭借这点名气，由徐志摩介绍到中国公学去当教师。校长是胡适。他要通过教书，挣钱还掉三人办刊的债务。

不久，胡也频、丁玲也到济南的山东高中教书去了。

三

日子飞快，几个月扑扇过去。一日，胡也频、丁玲仓皇返回上海，写信要沈从文去看他们。原来，山东省政府通缉这对在学生中宣传革命的年轻夫妇。事在1930年5月。

回沪后的胡也频和丁玲都参加了中国左翼作家联盟，胡也频被选为执行委员，开始用手中的笔为劳苦大众劳碌。他的一些作品受到当局查扣。但是，每次沈从文遇到这个严重营养不良的大脑袋年轻人时，总见他神采奕奕。他动员沈从文和他一条道上走，去追求光明，因为他们在一条道上携手走过五年多了。沈从文总是沉默或婉转地表达自己的意见，他对各种主义保持着距离。他钦佩那些为劳苦大众而奔波的人们，然而他为文学的自由而拒绝任何派别。

1930年秋，沈从文来到武汉大学教书，想远离那个过于热闹的地方。然而，武汉照样涂满了血污。放寒假的时候，沈从文回到上海。1月17日，胡也频来到沈从文住处，说想搬家，又借不到一分钱，房东的小儿子死了，要送副挽联，让沈从文拟好联语，晚上到他那里去写。12点他们分手时天正冷，沈从文把自己刚做好的海虎绒棉袍让他穿上。下午，沈从文到胡也频的住处去写挽联，胡没回家。晚上去，胡仍没回家。深夜，沈从文刚回到住处，一个自称做监管的老头匆忙送一张纸条来。胡也频的手书：他被捕了。

第二天，沈从文赶忙去找胡适设法营救。胡适找到李达等名流商讨营救方略，由胡适、徐志摩写信给蔡元培，设法救人。沈从文带着信件到南京去，找蔡元培，找邵力子，都没有结果。接着，丁玲和沈从文一起到南京，找到一个国民党要员，沈从文辗转又找到陈立夫，陈立夫敷衍了他们。回来的路上，丁玲反复说："我就知道没有指望！"

那是雪花飘落的日子，走投无路的沈从文陪同丁玲探监，远远地从铁门的窗口看见胡也频经过，他坚定有力的手势一举，成了胡也频永诀的语言。2月7日，胡也频被秘密处决。

丁玲处境危险。4月，沈从文从《小说月报》预支了200块稿费给丁玲，自己从徐志摩处借了一笔路费，陪同丁玲送孩子回娘家。由于沿途国军和红军激战，处处盘查，辗转水路铁路公路小道，多次渡过险关，才将孩子送达目的地。

回途烽火关山，沈从文在开学后仍在途中，他因此误掉了武汉大学的教职。回到上海的沈从文用两个月时间，写出长篇纪实散文《记胡也频》，以此纪念他们的艰难友情。他把文章拿给丁玲看，丁玲没有提出修改意见，全文出版。

1931年秋，沈从文到青岛大学教书。丁玲主编"左联"机关刊物《北斗》，约稿沈从文，沈从文写散文《黔小景》发《北斗》第三期。

上海似乎注定是丁玲、胡也频夫妇命运的悲催之地。

1932年底，北京上海等地的报纸披露丁玲失踪的消息，上海的友人证实了这个消息。沈从文震惊，哀痛。胡也频的悲剧要重演？

低调、书生气的沈从文一下子金刚怒目起来，他奋笔疾书《丁玲女士被捕》一文，发在1933年6月4日的《独立评论》上，怒斥国民党逮捕进步作家的卑劣行径。上海各界发起的营救丁玲活动，沈从文都名列其中。外界盛传丁玲已被秘密杀害，沈从文创作《三个女性》以示哀悼。6月12日，沈从文冒着危险在《大公报》发表《丁玲女士失踪》一文，强烈抗议国民党的暗杀政策。7月，沈从文写下长篇散文《记丁玲女士》连载于《国闻周报》。这是一个书生仅能有的战斗方式了。

1936年初，丁玲出狱不久，沈从文探知丁玲在南京首蓿园住处后，急忙从北平赶去探望。丁玲竟然给他端了一盘"凉菜"，宣告他们12年的患难友情画上了阿Q式的句号。

四

1948年，沈从文遭到大文豪郭沫若的当头痛击。这是左翼作家对他的清算。北平解放后，他任教的北京大学的部分学生赫然从楼上挂下触目惊心的标语："打倒新月派、现代评论派、第三条路线的沈从文！"新政权接管北平，沈从文战战兢兢。

1949年7月，第一届全国文代会代表没有他，他更加惶恐不安。在国民党政权几十年，他从没有过这样的感觉，他虽然被骂作"软弱""动摇""胆小鬼"。

他去找丁玲。这是他最后的命运一搏了。丁玲是新政权的全国高级文艺干部，列宁装，扎皮带，戴帽子，俨然一幅胜利者的姿态。沈从文从她那里领受到刺骨的寒冷，回来后自杀被救。

沈从文搁了文学创作的笔，在故宫研究文物，下"五七干校"，打扫厕所，迎来了暮年，也迎来了所谓的"解放"。那已经是1979年了。三十年里，他像故宫里角落的一块断砖，似乎没有失去价值，可也早已被人遗忘了。

烈士暮年，壮心不已；书生暮年，唯有低回。沈从文已经习惯了傍晚在院前的树丛里漫步，反刍时光，反刍生命。表侄黄永玉拿来了1980年《诗刊》第3期，上面有丁玲《也频与革命》，文中称沈从文为"贪生怕死的胆小鬼，斤斤计较个人得失的市侩，站在高峰上品评在汹涌波涛中奋战的英雄们的绅士"，称《记丁玲》为"编得很拙劣"的"小说"。

沈从文迷茫地看看树梢，望望天。他想起了丁玲的三十年，那可叫坎坷啊！

风光无限的五年之后，她开始被戴上各种"帽子"，先是下放北大荒劳改，1970年，关进秦城监狱，后转移山西监管劳动，直到1979年才准许回京。一个女人，坐过国民党的监狱，蹲过共产党的大牢，怎么把人生的不幸在不同的时代都赶上了呢？这是问题。

沈从文弄不懂。他想起了南京1936年的那盘"凉菜"，他也弄不懂。他书生式回应：出文集时不再收入《记丁玲》。1988年，沈从文去世，葬礼上播放他生前喜欢的音乐。

文坛对丁玲如此狂态的反目沈从文十分不解。私下里丁玲说：沈从文曾经对我见死不救，在《记丁玲》里损毁了她革命作家的形象。1986年，丁玲去世，葬礼上，她要求葬礼上遗体覆盖党旗，没得到批准。

作家王蒙谈到丁玲反目沈从文有以下看法，抄下来作为注解之一："这样我就特别能理解她在文革后初复出时为什么对于沈从文对她的描写那样反感。沈老对她的描写只能证明她的对手对她的定性是真实的——她不是革命者、马克思主义者，而只是一个小资产阶级、个人主义者。她必须痛击这种客观上为她的对手提供炮弹、客观上已经使她倒了半辈子霉的对于她的理解认识勾勒。打的是沈从文，盯着的是一直从政治上贬低她的周扬。你说她惹不起锅惹笊篱也行，灭不了锅就先灭笊篱，灭了笊篱就离灭锅更靠近了一步。这是政治斗争也是军事斗争的常识性法则，理所当然。她无法直接写文章批周扬，对周扬，她并不处于优势，她只能依靠党。与周扬斗，那靠的不是文章而是另一套党内斗争的策略和功夫包括等待机会，当然更靠她的思想改造的努力与恪忠恪诚极忠极诚的表现。对于沈从文，她则处于优势，她战则必胜，她毫不手软，毫不客气。她没有把沈放在眼里；打在沈身上就是打在害得她几十年谪入冷宫的罪魁祸首身上。"

　　对于失去丁玲友情的沈从文来说，北京真是他的福地？

王国维：你是我命中的神魔

——王国维与罗振玉的恩怨一生

一

谁是我们的敌人？谁是我们的朋友？这个问题是人生的首要问题。

看了王国维和罗振玉的一生恩怨，忽然想套用毛泽东的这句名言，去抒发感受。不过这是个卓越的命题，你一生很难弄得清谁是敌人，谁是朋友，谁会化敌为友，谁会化友为敌。敌友之间，常常是一个楔子做支点，倘若一抽动，就会哗啦来个一百八十度的大逆转。

王国维的死，好像是为了模糊罗振玉是他的朋友还是他的敌人。敌友之间的判断，真是个大命题。不然，王国维不会咬着小辫儿，以投水自尽作结。

二

王国维和罗振玉有缘。如果无缘相识，他们的一生都会黯淡得多。

说起王国维和罗振玉，应该把他俩的顺序颠倒一下才对，现代史上的"罗王之学"就把王国维排在后面。只是罗振玉一生学术成就和谢幕人生的方式没有王国维震撼，王国维的椅子便挪到了前面。

他们都是浙江人，王国维海宁人，罗振玉上虞人，乡亲。罗振玉比王国维大11岁，当20岁的王国维落第后，从乡间塾师惶惑地来上海街头谋生时，罗振玉已经是上海滩赫赫有名的新学派、实业家。

王国维15岁考取秀才，后两试不第，瘦小的他一犯倔，不考了。罗振玉科考的路和王国维同一底版，醉心于他的金石古籍，一路向外走去。

清末民初，有志青年把学习新学，救亡图存，当成最大的追求。王国维到上海只是一个站点，他想漂洋过海去日本。繁忙的《时务报》编务之余，王国维挤时间到东文学社学日语。东文学社的老板就是罗振玉。一天，罗振玉到学区巡检业务，随意翻检，发现一首《咏史》小诗：

> 西域纵横尽百城，
> 张陈远略逊甘英。
> 千秋壮观君知否，
> 黑海东头望大秦。

苍茫悠远，大漠孤烟，让罗振玉心头一震，一看作者王国维。他扬了一下眉，忙找来谈话，一个瘦小、拘谨、内向、本分而又有超凡的领悟能力和内核力的年轻人，烙在了罗振玉心间。

罗振玉在河滩上散步，不经意捡到了一块精玉。他觉得此生可造，当即免去了王国维的学费，并通过关系协调王国维在《时务报》的薪资。王国维顿觉漫天雾霾的生活，露出了一线曙光。

三

王国维的日子似乎没什么改变，编报纸，学日语，人生的缝隙很窄，侧身走动，才不致碰壁。他不清楚他的人生正由此转圄，罗振玉的那双眼盯准了他，抓牢了他的一生。

《时务报》不久解散，罗振玉将他安置到上海农工商总局的《农学报》，聘请他担任东文学社庶务，管理日常事务，月薪30块大洋。王国维有了更多的时间学日语，通过日语老师接触到了尼采、叔本华、康德的哲学思想，开阔了眼界，也种下了悲观的种子。

王国维一心想留学日本，罗振玉资助，藤田八丰老师协助，他得以梦圆扶桑，留学东京理科学校。

时在1901年。

王国维天生羸弱，加上学业辛苦，营养不良，健康状况日下，第二年春天不得不回国养病。罗振玉壮硕的双手紧紧拉着王国维说，回来好啊，我们一起干。王国维平静地笑笑，表示感谢。

罗振玉办有中国近代最早的教育刊物《教育世界》，王国维负责杂志的日常事务，编译撰述了大量的教育学、美学、哲学、心理学、逻辑学方面的文章。罗振玉为他大量购买西方原版哲学书籍，供他学习翻译之用。这期间他接触到更多的西方美学哲学思想，为他此后的研究工作奠定了厚实的基础。

王国维成了在中国的书桌上留学的人。

1903年，罗振玉介绍王国维到通州师范学堂任职，接着到苏州学堂任职，王国维的人生开始有机会从撰述转换到讲坛上。

两年后，罗振玉开始敲响他仕宦锣鼓，入京任学部二等咨议官，离开他的发迹福巢上海，开辟他人生的另一战场。他带上王国维，还有他视若珍宝的器物书籍。罗振玉为王国维在学部谋得职务，他常住罗家。直到1908年家室来京，王国维才赁房居住。

在京城的三年里，王国维的父亲、妻子、继母相继病逝。这是他人生情感最为黑暗的时期，罗振玉以他温暖的光芒，温煦他，照亮他，他的生命才坚挺地继续下去，没有跌进深渊。

四

革命来了。辛亥革命来了。

革命像一把尺子，重新测量每个人，测量人与人之间的关系。很多关系因此打乱重组，甚至颠倒排列。

革命没有破坏掉王国维和罗振玉坚固的密码组合，革命来了，他们避开洪流，远渡日本。

罗振玉是四品大员，怕成为革命对象，又担心家藏的金石古玩和拥有国内独一无二的甲骨藏品被革去，决定全家携带器物避居日本。

王国维还是无产者，肚里的学问革不走，怀揣惊惧的心打算回老家。谁知道逃离京城的人蝗虫一样多，船票飞涨七八倍，还买不到。罗振玉说，去日本吧？王国维只好无奈地点头。

一去京都五年。五年里，罗王相邻而居，亲如一家，他们多年相识相知的关系和较多共同的人生追求，攀上了顶峰。罗振玉家藏就是丰富的大博物馆，罗王二人游弋在这个举世无双的海洋里，全神贯注，醉心其中。王国维研究封泥，撰著了具有开先河的封泥研究《封泥考略》《齐鲁封泥集存》；研究金鼎器物，描述中华三千年历史文明的脚印密码；研究中国戏剧，研究小学，成书几十种。他协助罗振玉完成了《殷墟书契前后编》及《殷墟书契考释》等标志罗氏国学最高成就的两部书。他和罗振玉重要合作著作——《流沙坠简》，在近代史上影响广泛。他们把中国历史研究向前清晰地推进了一千年。他还创作感时忧世的诗歌集《壬癸集》。谈及这个阶段的生活，他说："生活最为简单，而学问则变化滋甚。成书之多，为一生冠。"

每月罗振玉资助王国维全家100块大洋作生活费。

这期间，罗王之间发生了一件标志他们关系提升的事件：罗振玉把三女儿罗孝纯许婚给王国维的大儿子王潜明。罗王之间，由朋友变为亲家。1919年，罗振玉回国，16岁的罗孝纯与大她四岁的王潜明完婚。

五

王国维的人生似乎是为学术而来，他的生命像一朵蘑菇，寄生在罗振玉这棵大树的某个枝丫的腐点上，美丽却不接泥土。王国维试图把根移栽一下，自己吸收养分。1916年，他全家迁居上海，在上海犹太富豪哈同"广仓学窘"《学术丛编》任编辑主任，兼仓圣明智大学教授。还参与其他一些创收工作，《观堂集林》的编订大功告罄。

罗振玉回国后，开始为废清朝廷游走，他将一腔政治热望抵押在溥仪身上，围绕着溥仪鞍前马后的效劳。罗振玉为加强自己在朝中势力，他游说溥仪，给了王国维一个南书房行走的职位。王国维告别哈同花园回到罗振玉身边，精心蓄住小辫子，披上长袍马褂，官内官外走动，读读大内藏书，拟拟圣旨，宫墙隔开了他与外面那个风云激荡的世界。

他想安静安静。

然而，每个小朝廷都掐得厉害，明末如此，清末亦如此。一圈宫墙像个罐罐儿，里面装满喜斗的蛐蛐儿。而苟延残喘的末帝正是那乐此不疲的看客，直到外面有人敲碎那罐罐儿了事。清末的两大蛐蛐儿就是罗振玉和郑孝胥，他们对着撅屁股叩头，争夺手无缚鸡之力的废物溥仪，或兜售政治理想，或想大捞一网。罗振玉不当值的时候，他嘱咐王国维做他的眼线，看住皇帝，谛听郑孝胥，传递真切的信息给他。

王国维是除了学术、读书以外，百无一用的人，根本不能为罗振玉传递什么有用的东西，罗振玉就认为王国维不用心，不忠心，渐生疑心。他对王国维打了一个问号。罗振玉写了一个奏章给溥仪，弹劾郑孝胥，让王国维润色。王国维鉴于其间的复杂性，建议改成"函"，化繁为简，点到对方疼处为止，不致大动干戈，扩大矛盾。罗振玉大为不悦，对他再打问号。对于政治毫不敏感的王国维来说，并没有觉察出什么。他还是一门心思，一个心眼儿，自己有想法就毫不保留地告知罗振玉。王国维有智慧，但缺心眼，至少他对罗振玉不留心眼。他想把《观堂集林》精装本"进呈"溥仪，就写信告诉罗振玉。罗振玉灵机一动，就写信叫王国维把他的《殷墟书契》系列用黄绫装裱了，进献"皇上"。不知出于什么考虑，王国维建议罗振玉推迟此事。罗振玉大怒，写信索要回《殷墟书契》，认为王国维要么想摆脱自己，要么想"投敌"。他把小个子王国维，从上到下打了个大大的问号。

二十多年的交往，罗振玉回顾一遍，恼火，痛悔。而王国维似乎浑然不觉，直到冯玉祥的炮火把溥仪赶出宫去，王国维才梦醒紫禁城。

六

王国维以其至尊的学术成就享誉海内外，很多大学向他伸手相邀。胡适、顾颉刚推荐他担任新成立的清华大学国学研究院院长，王国维犹豫一下，仅就教职，开始了他作为"国学大师"的顶峰人生。而罗振玉一班人则偷偷地将溥仪运到天津藏匿，日日服侍身边。

一个北京有稳定的教职，一个天津服务废帝，王国维和罗振玉似乎不会再有生命交集，王国维可以彻底结束二十几年的依存生活，相互以亲家的名义对等地聊天喝酒，一个学术巨人坐在一个江湖巨人面前，是那个时代的两幅雕像。恩也罢，怨也罢，慢慢消肿吧。

　　可是，造化弄人。1926年9月，年仅27岁的王潜明感染伤寒在上海海关任上去世。王国维悲痛欲绝，匆忙赶赴上海处理丧事。罗振玉也赶往吊唁，他非常疼惜女儿。特殊情况下，没有什么交流，况且王国维本就不善交流，眼看已经结束的亲家关系，弄得有点僵硬。等王潜明入殓之后，罗振玉带着女儿哭诉的不满不辞而别，悄悄回了天津。王国维大为惊愕："难道我连儿媳妇儿也养不起吗？"他不知道，罗振玉心中积怨已久，碍着女儿，他才勉强维持这层关系没有撕开。现在女婿死了，又无后嗣，还需要把这腔怨气深藏吗？

　　只是王国维还蒙在鼓里，忙着把大孙子过继给罗孝纯当子嗣，把王潜明的抚恤金汇给儿媳作将来生活的保障金，一门心思为她着想，谁知对方不领情，钱一次一次地汇过去，对方一次一次地汇过来。出面的是罗振玉，一封封来信满是难听的话，怨怼的话，甚至裹挟着挖苦、攻讦，每封信都如射来的箭，让王国维本已滴血的心又添新伤。王国维躲避着，申辩着，对方竟不住手。

　　王国维想到第一次到北京求生，连遇丧亲之痛，是罗振玉帮助他渡过难关。而这次白发人送了黑发人之后呢，罗振玉竟向他举起弓矢，瞄准命门。

动荡中三十年的"金石之交"，没有硝烟炮火地结束了？

王国维一如既往，缄默地履行教职，没人看出他胸中的波澜激荡，也没人知道他身后的那些暗流涌动。

1927年6月2日，王国维在学校公事室里向同事借了五块钱，打车到颐和园，在昆明湖畔吸了一根烟，一头扎进水中。

他内衣口袋里装着写给儿子的遗书：

五十之年，唯欠一死。经此世变，义无再辱……

遗言很短，可人们解读了八十多年。

罗振玉得到噩耗，马上赶到北京，赶到颐和园，参与料理王国维的后事。他把王国维的著作重新整理出版全集，命名《王忠悫公遗墨》。"忠悫"是罗振玉冒死向废帝溥仪为王国维讨来的谥号。

罗振玉常常出神地想到王国维，曾对身边人说："静安以一死报知己，我负静安，静安不负我。"

七

王国维，号静安。"静安"是他的追求，也能概括他的性格。他渴望一张书桌，安安静静地在学术上自得其乐。他生逢乱世，却没有安静的一隅属于他，罗振玉给了他一张书桌，一摆就是二十多年。对这张书桌，王国维心存感激，他以一个书生的方式竭诚报答了一生。

罗振玉是风雨中翱翔的鹰，动荡时事，刺激他更大的野心。政治、金钱、地位、学术，在他的人生渴望里，一样不能少。他扶助王国维，是为了完成他欲望中的一部分。

如果仅仅认为罗振玉是投资利用王国维，也有失公允。他看到了王国维学术的强大，以至于结成亲家，就是明证。

他们是朋友吗？对等的关系，可以结朋友，讲友情，即使破裂，彼此还是挺拔的树；即使愤怒，也可以等量级别地搏杀。

罗王之间，从来就不是朋友，王国维永远心存感激，好好做事，有知恩图报的意味儿，用今天的话说，叫"感恩"。罗振玉即使俯下身子，也没有降低他的灵魂，一旦觉得对方拂逆了自己的意愿，会抖一抖威风显示姿态。而这威风，恰恰是书生王国维所难以接受的。

罗振玉以他的方式最后回报了一次王国维，洗刷心中的愧疚，也就闭幕了这出戏。"九一八"事变后，他追随溥仪到东北，出任伪满洲国参议府参议、满日文化协会会长等职。1940年5月14日在旅顺走完他复杂多变的一生，终年74岁。

王实味：风中的百合

——从书生意气到政治羔羊

　　站在码头上，我连缀一些碎片。

　　那只小船一荡桨，"啊呀"一声，就再也没有回到码头。

一

　　17岁的王实味坐在船头，有点心慌地四下看看。小船灰色，有些年头，像只鹤，双桨一斜，目标冲着铅色的远方。

　　临岸设街。木墙，木柱，灰瓦，马头墙。瓦缝里摇曳的蓬草，诉说着锈迹斑斑的历史。走走，恍惚梦里江南。可它不在江南，在豫南。豫南是水乡，那条河叫潢河，那座小城叫潢川。多年以前，它商业繁盛的时候，人们称它"小苏州"。现在还有大致的模样，只是过于凋零了朱颜。

街道西端是王实味的家，一座像模像样的四合院，在当地还算显赫，耕读之间，做些生意，本是红红火火的，不知怎的，近年的不断争吵，宣告小院即将分崩离析。举人出身的父亲整日叹气，读书人命运落寞，常常仅剩一口气可叹。好在他已经中学毕业，学业优秀，被老师赞为"天上的玉麒麟"，考上了河南省留美预科学校，前途看好。

昨晚，父亲帮他往藤条箱里收拾东西，仍不断叹息，声音巨响，仿佛夏天暴雨声里院墙倒了一面。

那是1923年2月。

二

王实味从小城飞到省会开封。

王实味在预科学校只上了一年学，那座小院便砖崩瓦飞，没了经济来源。家是回不去了，他也不想回去，有一支笔，骑上它，不怕飞不起来。他以第一名成绩考取了省邮政局，成了邮务生。工作辛苦，但待遇不错，干了一年多，手头攒了点钱，他又想飞。他考取了北京大学预科班。饿着的时候难受，可他觉得自己是吃饱肚子就想去奔命的人。他有一双隐形的翅膀。

北京大学像海，省会开封不过是口池塘。这里除了吃饭，还有思想，有党派，他很快加入了中国共产党。实在说，他不是很了解这个党，只是一只孤雁不能老是单飞，就落入了一个群体。他老是迟到，老是不参加活动，又猛追同党李芬。后来他被戴了一顶入党"动机卑鄙"的帽子，不再允许他参加组织活动了。

这一年，王实味20岁。

饿肚子要命的威胁，让他顾不上去争辩是非，本来这个瘦瘦的年轻人遇事喜欢较真，总要弄个水落石出才罢休。小瘦子爆发起来，像炸弹。

他开始在北平、上海、南京等地打文字短工，做翻译，写小说、散文，深得徐志摩、陈源的赏识，在《现代评论》《晨报副刊》《新月》上发表文章，出版大量翻译作品，挣了点稿费，也赢得了名声。这段飘零的生活很长，整整十年，直到1937年"卢沟桥事变"爆发才结束。

艰难困窘的生活，使王实味更瘦了，走路摇摇摆摆的，据说有时没衣穿，把朋友的衣服一披，像袍子飞。

三

把拖儿带女怀有身孕的妻子刘莹送上回长沙的火车，他就提上藤条箱子，脚步匆匆地赶往延安。小瘦子要抗日。

他在马列学院做特别研究员，勤奋高产，四年间翻译近200万字的马列经典。据说，毛泽东读的马列大都出自他手。累了端把椅子坐在窑洞门前晒晒太阳，他极少和人来往。他有了很好的待遇，月薪四块半大洋，比毛泽东少半块，比陕甘宁边区主席林伯渠多半块。他较真，翻译的文字不许任何人更动，斜纹布的高级干部服没有小号的，没领到，他就跑去把院长范文澜的帽子拿下来戴，说这个可以嘛！

1942年，陕北的野百合花开的时节，王实味在延安《解放日报》发表杂文《野百合花》，说延安不是真平等，"衣分三色，食分五等"，一时议论纷起。联想到他在城门外的壁报连自己都深夜提着马灯去看所引起的轰动，毛泽东拍了桌子，说延安是他王实味挂帅，不是马列主义挂帅！攻击革命，诬蔑共产党。于是，很快座谈，批判，逮捕。王实味不接受"帮助"，据理力争，成了铁豌豆。他背后很快被插上"托派""特务""反党分子"的牌子。除了偶尔名字被拿出来批判一下，人们已经见不到那个小瘦子了。

从延安撤退，王实味被转移押往山西兴县城郊晋绥公安总局的一个看守所。他反复说，自己是个好共产党员，承认错误是

民国大文人

为了党的光明。他说身体被拖垮了，要吃鸡蛋面条子。危机时期的"顽固分子"该怎样处理？经请示，将他砍杀，置入一眼枯井掩埋掉。

这一年他41岁。

四

三十一年后。长沙。

72岁的刘莹耳朵贴着收音机听"新闻"。她心一颤，干枯的眼角流下两行清泪。她苦苦寻找的丈夫，竟被处决了。她不相信，断然肯定丈夫是遭到了政治诬陷。她打点行装坐火车北上申诉。

王实味追求李芬被拒遭开除，1942年还在《野百合花》里怀念她，而1930年嫁给他的却是李芬的室友刘莹。刘莹觉得王实味是团火，是块炭，而不是泥。结婚后，他们萍踪蓬飞多年，抗日让他们找到了火的方向。本来说好了，一起去延安，怎奈牵两个孩子，怀着一个孩子。刘莹说，打掉吧？王实味去买了两副药，吃了，又蹦了两天，不见效。刘莹只好带了孩子黯然回长沙，相约生了孩子去延安。等生了孩子，武汉陷落，各条道路烽火连天，彻底烧断了夫妻的消息。

有人传，王实味在东北。1950年，东北招教师，刘莹就应聘到了吉林。她一边工作，一边苦心寻夫，直到退休，也没半点消息。

1983年，经过知情人李维汉的过问，中组部否定了包括王实味在内的"五人反党集团"的结论。

1991年春，合欢花开。85岁的刘莹坐在小院里一朵一朵地辨别花儿的轮廓。她的眼睛已经模糊了。她想象着假如自己随夫到了延安，又会变成风中的哪一朵野百合呢？

院门敲响了。进来两名公安部的同志，他们带来了公安部为王实味平反昭雪的消息和一万元慰问金。老人热泪涂抹，王实味又被称"同志"了。她拒收慰问金，最后交给了当地文联，作为文学创作奖金。她知道，王实味归根结底是一介书生，一个作家。

王实味没有画上句号。

五

沿着潢河去踏寻王实味故居。潢河边上长满了野菊花，再过一月该金黄一片在风中摇曳了。

小船不再是风景，是旧物。两座桥是风景，桥上看风景的人是风景。

三十三年前，作为当地的师范生，每逢周末我和同学们都来河边走动，寻访老师们介绍的范文澜、臧克家、叶楠、白桦他们留下的足迹。老师没有介绍过王实味。多年后，我们从书上知道了那朵风中的"野百合花"是潢川人，问及当地的读书人，也惊讶不已。

王实味的旧居已片瓦不存。地皮被圈入潢川一中院内。看着新楼群，大门进出欢笑的学生，便觉得应该在院子里复原一个王实味故居，哪怕一间屋也好。一块牌子的提示意义远大于他所有的文学创作和翻译作品的成就。

风从河上来，拂动岸上菊花的嫩枝。

风，和消失在风中的事物，也是风景吗？

有时间，要去陕北看野百合花。

野百合别名山丹丹。

王实味

吴宓：落叶何飘飘
——吴宓在西南师院的凄凉晚景

一

民国著名教授文人，大多出身江南，北方极少，西北更其少，吴宓似乎是个例外。

吴宓（1894—1979），原名陀曼，字雨僧，生于陕西省泾阳县安吴堡望族，不过，在他幼年的时候，家道中落，"田产无多，而商业接连倒闭"，被迫迁居上海一段时间，后回迁。家族亲人中多与进步的革命党有联系，所以，他少年时便有接近进步书刊的机会，思想倾向进步得较早。

吴宓少年有才子之名，能诗善文，1910年从陕西省三原县宏道学堂毕业，考入清华学校，曾任《清华周刊》总编，留学英美多年，精通英、法、德语，醉心于西方文学，最早提出"比较文学"概念，能在中文、历史、外语三个门类纵横驰骋，在东南大学、东北大学、清华大学、北京师范大学、西南联大和西南师范学院终身从教，门下出了钱钟书、季羡林、贺麟、曹禺、胡乔木、乔冠华等现当代学界、政界名人，钱穆先生称他是坚守"中国传统通人通儒之学"的会通型教授。

二

现代学界有一个很奇怪的现象：不少漂洋过海喝过多年洋墨水的留学生回国后头脑依然出奇地顽固，抱着传统文化尤其是文言文的大腿不放，拼命反对白话文，至死不改，跟现代学子上课却满口脏话，痛骂现代科学文化，骂陈独秀、胡适的新文化运动为"取西洋之疮痂狗粪，以进于中国之人"，"安得利剑，斩此妖魔"。真不知这些留学生多年在海外学得了什么东西。吴宓就是这样的一副留学面孔却满口之乎者也的时代怪物，很像他长脖子细细长长硬挺挺的长相。

在和守旧势力"笔仗"中，鲁迅批判最下血劲儿的是"学衡派"，吴宓是"学衡派"主将。林纾不懂英语却用文言文翻译了大批西方名著，吴宓懂三种外语却舍不了用文言文写作。吴宓这一怪，在现代学界有代表性。

1921年，留学生吴宓跟一个素不相识的通过别人介绍的浙江传统女子陈心一闪婚，这女子"辛勤安恬""谦卑恭顺"，七年间他们生了三个女儿。1928年，他开始坚定地移情别恋前老友的女朋友毛彦文。毛彦文是一位典型的知识型兼交际型的现代女性，严词拒绝了吴宓的求爱。吴宓置两位女性的坚决反对于不顾，离了婚，开始了他八年苦苦追求毛彦文的爱情长途之旅。吴宓通过通信、诗歌、日记等方式，狂轰烂炸，甚至公开发表他"吴打油"式的情诗。其间他还同多个美国、英国、德国女子陷入热恋，笔记、情诗还拿出来给毛彦文"分享"。可是，当1931年，毛彦文在吴宓的一封封发热烫手的信函催促之下，邀他到欧洲与之结婚的时候，吴宓又心灰意冷，推迟婚期。1935年，毛彦文和民国前总理熊希龄闪婚，吴宓像一个超级"怨男"，写了一批"怨闺诗"之后，进入长久的爱情无花期，直到60岁。

三

吴宓为中国的现代高等教育中所谓"国学教育"是有开创性贡献的，在国内高等教育界声誉很高。蒋介石撤退台湾的时候，拟定了一个名为"保存国粹"的"学人抢救计划"，吴宓在列。

　　抗战结束后，吴宓在西南师范学院任古典文学教授。蒋介石要把他从重庆"抢救"走。1949年11月23日，国民党情报人员手持国民政府台湾教育部长杭立武、台大校长傅斯年联名邀请信，邀请他到台湾大学任教。吴宓以"南方水土不服"为由，婉言谢绝。来人说，您是清华老教授，清华要迁台了，凡我清华学子决不能忍心丢下你。这张机票是经国先生从阎锡山长官那里特批的。多少达官贵人都一票难求啊！今天，您生气打我们，我们背也要把您背上飞机！来人连拖带拽把吴宓塞进汽车，直拉到重庆宾馆住下来，等待第二天起飞。

　　吴宓一直等待时机想逃出掌控，两个特务看得严密，他得不到脱身的机会。夜深人静，吴宓偷眼看一下两个特务，却见两个特务眼睁睁地盯着他。他借口尿急，去了厕所；到厕所后，又借口大便，慢慢地蹲着熬时间。正是隆冬，他趁两个特务瑟缩着回屋取棉衣的时机，快步逃下楼梯，躲进楼梯间。两个特务顺着脚步声撒腿追赶到街上去了，吴宓悄悄地顺着街巷像一阵夜风跑出城外。

　　一个憔悴、苍老、寒碜的小老头没带证件，住不进旅馆，急中生智的吴宓写了个纸条，许诺丰厚的报酬，差人送到重庆美丰银行董事长康心之处。康心之马上派车把老朋友藏了起来。没几天，重庆解放，吴宓惶然魂归回到北碚，当他的教授去了。

　　奇人奇事，吴宓拜会了邓小平。

时在1951年夏，外语系地主出身的女生在土改时被人阶级批斗扩大化，脱了裤子打肿了屁股。吴宓听后义愤填膺，第二天，老头儿到市区找中共中央西南局反映情况。

"我是吴宓教授，要求见邓小平书记。"

吴宓执意要见邓小平，负责接待的领导推阻不过，只好给邓小平打电话。他等到下午五点多，见到了邓小平。他把情况介绍以后，特别叮嘱说："斗争会的偏差过大，既违反共产党的一贯政策，又伤风化。"邓小平听完后，恳切地说："我早知道吴宓的大名，你的意见很正确。欢迎你爱护我们党，给我们反映情况。以后有什么重要情况，我们派人和你联系。"

吴宓回到学校异常兴奋："此行不但为女生讨回了公道，还与邓小平相了面。实不相瞒，此人有管仲、周公之贤，目睹其相，实乃济世之才。三十年后，当有斗转星移之功。"

四

吴宓最痛心的事情是红卫兵抄走了他的毕业证书、诗稿和图书。

他本来是一个能将优秀图书与学生共享的人，曾将自己珍爱的三千多多册图书无偿捐献给学校图书馆。但是"文革"抄家，令他目瞪口呆。

1966年，吴宓73岁，因思想跟不上"革命形势"，很长时间没安排他上课。9月2日，红卫兵开始"横扫牛鬼蛇神"，抄了他的家，共抄去《学衡》《大公报·文学副刊》全套《吴宓诗集》26部还有五十五年的日记、毕业证书等。吴宓说："我的生命，我的感情，我的灵魂，都已消灭了；现在只留着一具破机器一样的身体在世上忍受着寒冷与劳苦，接受着谴责与惩罚，过一日算一日，白吃人民的饭食。"

天不死吴宓。1967年5月的一天，吴宓在劳动中发现自己被查抄的书籍什物全部放在教师阅览室的橱柜里和散放在地面上，不胜伤感，悲愤。再次去劳动的时候竟产生一个念头：偷回去。

西南师院形势越来越混乱，两派真枪实弹地武斗，已经无暇顾及这些"牛鬼蛇神"了。这些"坏蛋们"被组织去学习，吴宓见教师阅览室门开着，便趁机进去取回1914甲寅上半年日记一册，成功带回家。此后，他又陆陆续续偷回自己毕业证书、诗集一部分、日记、西洋名画等，这些"窃书不算偷"的活动——记录在日记中。

老教授把这些"毒品"取回去，不知意欲何用。

一天，吴宓在街上散步，一青年致以问候："吴老师，走走啊？"吴宓瞪大吃惊的眼睛问："你在叫我'吴老师'？"吴宓立刻热泪盈眶，马上从内衣口袋里摸出一张十元钞票送给对方，喃喃地说："小伙子，尽管收下。已经很多年没人叫我吴老师了。"

实际上，吴宓处境维艰，钱物被诈骗殆尽，身心受到严重摧残，在一次拉去批斗的途中被推倒摔断了腿，眼睛也几近失明。1976年，终因生活不能料理，随时处在生命的悬崖边缘。一次生病，多日没人接近，吴宓艰难地呼喊着："给我水喝！我要吃饭！我是吴宓教授！"

夏丏尊：那些煦暖的时光
——在春晖中学蓄势待发的民国范儿

一

20世纪二三十年代，中国学校教育有两座金字塔。一座是高耸在北方的北京大学，它是由蔡元培先生一手缔造的。一座是江南山水掩映别致精巧的春晖中学，他是夏丏尊用心捧出来的。

春晖中学在浙江上虞郊区，由国民党元老经亨颐创办。他的女儿经普椿嫁给廖仲恺何香凝的儿子廖承志。历经革命创痛，经亨颐侧身教育，先后任浙江省两级师范学校校长，浙江第一师范学校校长。从日本回国后的鲁迅先生，就曾在他的手下当教员。当然，浙江人才星空满天，即使谁在他手下抹过桌子扫过地后来名震一时，丝毫不奇怪。

因不满省教育厅长对他的调任，他认为一个校长就是一张纸的命运，经亨颐愤而辞职，到乡下自己办学，校址选在白马湖畔，校名叫"春晖中学"。

经亨颐自任校长，教务工作交给了踏实敦厚的夏丏尊办理。

带着经亨颐的梦想，夏丏尊着手帮他织就了短暂的春晖梦。在这场春梦里，朱自清、丰子恺、朱光潜、匡互生、张孟闻、刘薰宇、吴梦非、冯三昧、杨贤江、王任叔、范寿康等都是春晖教育的奠定人。

他们像蓄势待发的健儿，在春晖中学一踩助跑器，成了民国文化的健将，流星一样，惊天耀目。

二

春晖中学是美的。朱自清做过倾情描述："右手是个小湖，左手是个大湖。湖有这样大，使我自己觉得小了。湖水有这样满，仿佛要漫到我的脚下。湖在山的趾边，山在湖的唇边；他俩这样亲密，湖将山全吞下去了。吞的是青的，吐的是绿的，那软软的绿呀，绿的是一片，绿的却不安于一片；它无端地皱起来了。如絮的微痕，界出无数片的绿；闪闪闪的，像好看的眼睛。"

这是朱先生眼里的白马湖。

柳亚子先生诗曰："红树青山白马湖，雨丝烟缕两模糊。"

"春晖的校舍和历落的几处人家，都已在望了。远远看去，房屋的布置颇疏散有致，绝无拥挤、局促之感。我缓缓走到校前，白马湖的水也跟我缓缓地流着。"

"校里最多的是湖，三面潺潺的流着；其次是草地，看过去芊芊的一片。"

这是朱先生眼里的校园。

那是1924年3月的象山，白马湖，春晖校园。

朱自清北京大学毕业后，在浙江的几所省立中学教国文。因诗际会，夏丏尊邀请朱自清到春晖中学来任教。朱自清是谨慎的，先来兼了半年课，一下子就被这里的美好与真诚打动了。

到几位同事家去看，"壁上有书有画，布置井井，令人耐坐。这种情形正与学校的布置，自然界的布置是一致的。美的一致，一致的美，是春晖给我的第一件礼物。"

春晖给朱自清的第二件礼物是"一致的真诚"。

朱自清来春晖在学期中途，没有课。他是抱着看看的心态来的，没想一来，脚就被绊住了。夏丏尊把自己一个班的国文课调给朱自清上。第一节课，夏丏尊领着朱自清到教室，给学生介绍："朱先生年龄比我轻，但学问比我好。上学期我介绍几篇他写的文章给你们看，不是都觉得好吗？"

朱自清貌不惊人的，夏丏尊一介绍，就压住了舱底。其实，在朱自清来校之前，《春晖》校刊就发了介绍消息。听了夏丏尊的话，朱自清大受感动，为知己，为信任，以精研精教为报。于是，他平和的微笑洋溢在校园，在课堂，在同事间。这是他一生最为美好的微笑。

他邀请好友俞平伯来讲学，俞平伯跑去听他的课。听后，在日记中感叹："他去上课，我旁听了一堂，学生颇有自动的意味，胜（浙江）第一师范及上海大学也。"

朱自清把全家都搬来了。比邻夏丏尊的"平屋"而居。清静的夏家，孩子多多的朱家，一下子组合成了热热闹闹的大家庭。

朱闰生回忆道："我也在这年出生了。孩子多，经常吵吵闹闹，惹得父亲生气，难免动了手，这时夏翁家的人就过来'干预'，或邀父亲到他家去，或用时鲜小吃哄孩子。"

三

夏丏尊是现代著名的教育家、文学家、翻译家。他的很多工作在现代具有开创性的意义。他的语文教育成就和叶圣陶齐名，他翻译了现代第一本长篇小说《爱的教育》，他创办了影响百年的《中学生》杂志。他创办的上海开明书店，现代文学教育谁都绕不开他。他名字的一个"丏"字不好认，难住了很多人。他曾多处读书，留学日本，却没拿到一张文凭。

164

夏丏尊就是白马湖畔人，来春晖之前，在浙江教育界已有名气。他推崇"爱的教育"，实施"妈妈的教育"。他负责春晖教务，最出色的工作就是招鸾引凤。人才，是教育的关键。

大头的夏丏尊性格温和，以他的"善"做抓手，营造了春晖中学春晖脉脉的环境。善，是春晖的光彩。他双手挥动善的彩练。

丰子恺是夏丏尊的学生。听说他留学回国，就写信邀他来春晖任教。丰子恺没有先试探性地伸出一脚，立刻辞去上海美术专科学校的教职，携全家来春晖筑屋定居，大有终老此地的意味。他完全被夏丏尊描绘的春晖感动了。他的居所叫"杨柳小屋"，在"平屋"的旁边，嫌新房有点单调，画家就别出心裁地在院落的角上栽了一株杨柳。杨柳拂拂，我心依依。丰子恺的画心时时跃动着，但作为画家的丰子恺此时还在壳里蜷伏着。

一次校务会上，那些垂头拱手伏案而坐的同事给他印象最深，回屋后，简笔勾勒，贴在门后。夏丏尊、朱自清见了，大加赞赏，几笔细墨，整个场面跃然飞动，真神来之笔。得到肯定的丰子恺，来了劲儿，把平时心口吟诵的古诗词"译作小画，又把对日常生活中有感的物事一一描绘出来，每次画完之后，他都会得到和产母产子后所感到的同样的欢喜"。

创作于春晖中学的《人散后，一钩新月天如水》，是他代表性作品。廊柱一根，珠帘一卷，一弯浅月，一张茶几，一把茶壶，几只茶盏，构成整个画面。大量留白给了人无限想象的空间，感慨眼前，思接千古，意境悠远。朱自清见了，极其赞赏，平和的微笑，掩饰不住他内心的欢喜。他把这张画作收进自己主编的同题散文集《我们的七月》里。

《我们的×月》是个系列，创意不凡，一月一本，不标明作者，全国影响广泛。

这是丰子恺作品借了朱自清的手，第一次发表，走出了"杨柳小屋"，到外面见世界。

《我们的七月》到了现代文史学家、翻译家郑振铎那里，他喜不自禁，按图索骥，找到丰子恺。原来这匹白马在白马湖畔的春晖中学。从此，丰子恺的漫画便成了他主编的《文学周报》不分季节翩然飞动的燕子。

从此，中国有了"漫画"这个艺术词语。

丰子恺的漫画触动了郑振铎。他想给丰子恺出一本漫画集，邀了叶圣陶、胡愈之一起去春晖中学选画。当时就是几个兄弟的活动，春晖中学的接待，在今天看来却是一次国家级的文化行动。

他们带走了丰子恺当时所有的画作，心情荡漾胜过白马湖的雨期。郑振铎写道：

"……当我坐火车回家时，手里夹着一大捆子恺的漫画，心里感觉一种新鲜的、如同占领了一块新高地般的愉悦。"

丰子恺第一本漫画集《子恺漫画》出版，丰子恺从此名满天下，登上了现代绘画和漫画创作的高峰。

四

夏丏尊课余藏在他"平屋"书房里埋头翻译《爱的教育》，创作散文集《平屋散文》。窗外一片荷叶喧哗。

他每译完一个章节，稿子就被朱自清拿去众人品读，先感动一下自己，再提修改意见，七嘴八舌，真争论，真磋商。他们见证了这本在中国几百万册印量的书籍，怎样从孕育到呱呱坠地，长成英俊少年的。

声名鹊起的丰子恺呢？他正在为《爱的教育》设计封面，画插图。在院角的小杨柳树下摆个八仙桌，打开老酒瓮，端出炒螺蛳，夏丏尊、朱自清、朱光潜、巴人等同事端着酒杯看他作画。

请客或是留饭较多的是夏丏尊。夏夫人热情好客，常对夏丏尊的同事不分彼此，有菜就炒，有酒就烫，有米做饭，大同事，一家亲。因了这个锅灶，春晖中学多了几许家常，几许温暖。

对友人，也是如此。胡愈之赴法留学前，夏丏尊邀请了叶圣陶、章锡琛、贺昌群、周予同、钱君匋等后来的文化名流，在"平屋"为他送行。那浪漫情景，俞平伯描绘道：

"……下午夏丏尊来，邀至他家晚饭。去时斜风细雨，衣服为湿。他屋颇洁雅素朴，盆栽花草有逸致。约明日在校讲演，辞之不获。饭后偕佩笼灯而归。傍水行，长风引波，微辉耀之，踽踽并行，油纸伞上'沙沙'作繁响，此趣至隽，惟稍苦冷与湿

167

耳。畅谈至夜午始睡……"

本校同人教师作陪，不禁产生"如归"之感。

五

百年一见的朱光潜来了。从上海来到白马湖畔的春晖中学。

一个圆圆白白胖胖中等身材的青年，后面看，学生们常把他与朱自清弄混了。性格上，他和朱自清也相同，客客气气，一团和气。他热情地参与他们的每场活动。那场景，多年后，动情地回忆："我们吃酒如吃茶，慢斟细酌，不慌不闹，各人到量尽为止，止则谈的谈，笑的笑，静听的静听。酒后见真情，诸人各有胜概，朱自清红着脸微笑不语，丰子恺雍容恬静，一团和气，夏丏尊则纵声大笑，笑声响彻整个屋子，形成一片欢乐融洽的气氛。"他喜欢丰子恺的画：他的画，和他的人，他的小女儿，浑然本色，毫无世故气。他把对丰子恺作品的喜爱，一直保持下去，国内国外，通信几十年。后来他撰文评丰子恺："就是他的人品的表现。一个人须是艺术家才能创作出真正的艺术作品。子恺从顶到踵，浑身都是艺术家。他的胸襟，他的言谈笑貌，待人接物，无一不是艺术的，无一不是至爱情深的流露。"

这里的文艺气氛很浓，朱光潜就想着美学写作了。他把自己对美学的一些理解，说给大家听，都鼓励他写出来。每隔一周，朱自清就笑吟吟地问："还未分娩啊？"朱光潜就笑吟吟地回道："在阵痛呢。"两张圆脸对着笑。终于那篇标志着一位美学家诞生的论文《无言之美》临世。

"《无言之美》送给夏翁看，夏翁又给父亲看，两人都说写得好，鼓励他给学生做讲演，朱光潜起先不肯答应，怕讲不好，是在父亲和夏翁的一再鼓励下才讲的，结果效果出奇地好。"

朱自清的儿子后来深情款款地回忆道。

春晖还留下了蔡元培、何香凝、黄炎培、沈仲九、沈泽民、舒新成、俞平伯、陈望道、李叔同、张闻天、柳亚子、刘大白、叶圣陶、胡愈之、张大千、黄宾虹、吴觉农等名流浅浅而清晰的足迹。

1924年临近期末，学校发生了这批文人理想的教育观念和学校管理当局意见相左的事件。他们愤而辞职，去了上海，去了北京。

这些现代文学艺术的骄子，仿佛来白马湖惊鸿照影地一瞥，飞了。

《人散后，一钩新月天如水》是预言？是谶语？

萧红：从铁蹄下开始歌吟
——萧红和萧军的缘与分

一

1932年5月。哈尔滨道外十六道街，东兴顺旅馆。

一个年轻的孕妇，形容憔悴，脸色苍白浮肿，神态疲惫不堪，蓝布大衫颜色模糊，鞋子严重变形。她凝望着不远处滔滔流淌的松花江，无奈而又焦急地等待着。她等待着敲门声，她期待着转机的命运叩响门环，而又极度害怕是旅馆老板急促而恶狠的敲门声。

半年来，他们欠下了旅馆600多元的租金，而那个让她怀上孩子的汪恩甲借口回去取钱，却了无踪影。眼看产期要到，房东每天催钱，急如星火，甚至发狠再不还钱就将她卖到窑子里去。她惊恐的心跳，超越了婴儿在腹中的撞击。她感到大限将临的恐惧。

她写信向素不相识的哈尔滨《国际协报》副刊主编裴馨园求救，裴馨园派了年轻的编辑舒群带了少量的物资和一包书刊去探望。可是，他们救不了她，他们只能带来同情和暂时的对外沟通，给死死掩住的门，打开一道缝。亮光透进来了，办法就会有。

这个女人总是充满着期盼。

她就是萧红。当时，叫张廼莹。

哐哐哐，脚步急促，一个年轻壮实的身影闯进来，没有敲门声。他抱了书刊和少量吃的。他见萧红的样子，吃了一惊。放下东西，往后退了几步，坐在一个马扎上。旁边有炊具，都肮脏冰凉。萧红打量一下来人，敦实，宽脸，短发，衣衫不整，如同长途跋涉的旅人刚刚到达目的地，潦倒而亢奋。

萧红慢慢地咀嚼着，心不在焉地翻看报纸副刊。他是第一次来，可对她的情况了如指掌。她不知道他会给她带来什么，也许仍是无望，脸转向了远处的松花江。

他慢慢地凑过来，发现凌乱而肮脏的床边落叶般扔着些纸片，有字迹，有线条。字迹分行，像是诗歌，睿智灵动。线条圆转，是铅笔画，栩栩如生。毫无疑问是她的，她在哈尔滨、北京读过中学，学过画画。他眼睛放光，一张一张叠在掌心，仿佛抚摸到了一颗晶莹微茫的心，一颗蝶形向上闪动的灵魂。再打量这个失了神采的孕妇，恰好她回过眸来，满眼是倔强、期盼和对未来的向往。

他撂下一句话，你等着！

转身飞快地跑了，脚步哐哐哐地踩在木楼板上。

他叫萧军，当时名字陈鸿霖，笔名三郎。

二

暴雨滂沱，天地不睁眼。松花江的水在涨，满城人的心在晃。

萧军每天跑东兴顺旅馆，带去最迫切需要的东西。但是，巨额的欠账还不了，他膨胀得要发疯，恨不得背起萧红逃掉，可老板看得紧，连苍蝇都飞不走。雨，或许是及时雨，给萧红出逃提供时机呢。

松花江水咆哮上升，漫堤了，哈尔滨变成了威尼斯，大街小巷都能行船。暮雨遮掩，萧军租了一条船，把萧红从窗子缒下。小船一抹身，迎着轻浪，钻了几个胡同，消失了。

他们在一家窄小混乱的旅店同居下来，萧红生下了孩子，无力抚养，送给了人家。两人靠萧军做家庭教师、借债和微薄的稿费度日。不久，迁居到商市街25号安了窝。

短暂的休整，他们开始参加"星星剧团"组织的活动，在剧团里分别担任角色，宣传抗日。参加画展，勤苦地开始文学创作，把日本帝国主义铁蹄下东北大地的呻吟，字字血泪地写上白纸，送上报纸的副刊。这一时期，后来叫做"东北作家群"的几位重要的年轻人，舒群、白朗、萧红、萧军等初次聚首。

1933年10月，舒群拿出节衣缩食剩下来的50块大洋，在哈尔滨帮萧红、萧军出版了合著的小说散文集《跋涉》。萧红署名悄吟，萧军署名三郎。《跋涉》在沦陷而荒芜的东北引起了很大反响，好评迭起，坚定了作者继续文学创作的信心。但因为《跋涉》中有血泪，有控诉，有觉醒，特务机关嗅到了异味儿加以追查。萧红、萧军在地下党组织的帮助下，乘船到青岛避难。1934年端午节前一天，舒群在青岛码头把他们接到了家中。

舒群是年轻的老共产党，继续对他们给予全力支持。

在青岛很短暂，却成了他们一生中的黄金时光。萧军在《青岛日报》做主编，编余创作《八月的乡村》。萧红调养身体，专事写作，写出了她的成名杰出《生死场》手稿。他们之间，有关心，有照顾，有爱护，时光温煦着两个年轻人。

青岛太小，他们需要一个大码头。11月，萧红、萧军和作家张梅林一起，起航去上海，开始人生新的征程。

他们在上海靠近了鲁迅；鲁迅为他们起飞搭了舞台。

三

11月30日，内山书店。

萧红、萧军两个年轻人紧张地和大名鼎鼎的鲁迅见了面。

矮小的巨人仰着脸，满是笑意。指上夹着纸烟，不停地询问着日本占领下的东北情况。他问得很多，很细，兴致盎然。两个年轻人尽其所知，一一回答。先生对于他们苦难的近乎传奇的经历满是同情，并向他们介绍了上海文艺界的情况，答应尽量推荐他们的书稿出版。他让许广平给了他们一些钱，解决两个赤贫青年的燃眉之急。

鲁迅看了他们的书稿后，很兴奋。12月19日，鲁迅在梁园豫菜馆宴请萧红、萧军，作陪的是当时左翼联盟的重要作家茅盾、胡风等。萧红、萧军进入了他们的圈子，成了朋友。

1935年春，萧红、萧军在桥香夜饭回请鲁迅。"小小的牙祭"鲁迅很高兴，邀约了私交很好的曹聚仁、黄源，带上了许广平、海婴。

饭局上，萧军代叶紫、萧红向鲁迅提议创建"奴隶社"，自费出版"奴隶丛书"。鲁迅十分赞同。接着三人成立了"奴隶社"，出版著作，登上文坛，成为中国现代文学史上的重要作家。

鲁迅以空前的热情，为三人的著作写了序言。

萧红的《生死场》原名《麦场》，胡风为她改了名，写了后记，第一次署上"萧红"这个笔名。

鲁迅在《生死场·序》中写道："北方人民对于生的坚强，对于死的挣扎却往往已经力透纸背；女性作品的细致的观察和越轨的笔致，又增加了不少明丽和新鲜。"并预言萧红会是"当今中国最有前途的女作家"。

鲁迅在《八月的乡村·序》中写道："我却见过几种说述关于东三省被占的事情的小说。这《八月的乡村》，即是很好的一部……严肃，紧张，作者的心血和失去的天空，土地，受难的人民，以致失去的茂草，高粱，蝈蝈，蚊子，搅成一团，鲜红的在读者眼前展开，显示着中国的一份和全部，现在和未来，死路和活路……要征服中国民族，必须征服中国民族的心……心的征服，先要中国人自己代办。宋曾以道学替金元治心，明曾以党狱替满清钳口。这书当然不容于'满洲帝国'，但我看也因此当然不容于中华民国。这事情很快的就会得到实证。如果事实证明了我的推测并没有错，那也就证明了这是一部很好的书。"

从此，萧红、萧军在上海鲁迅的文学基地，发射升空，再没陨落。

1936年，萧红开始以文学的名义、作家的身份，活跃于上海。6月15日，作为策动者之一，她与鲁迅、茅盾、巴金、以群等67位作家联合签名发表《中国文艺工作者宣言》，加入了反战爱国的大合唱。

四

稍稍安定的生活，两人的感情开始出现罅隙。他们在一条破船上经历了风浪颠簸没有沉没，抵达岸上，却遇上了崖崩。中国人概括了一种夫妻类型叫"能共苦不能同甘"，萧红、萧军也没能逃出这个魔圈。

对于他们没能缘尽终生，后人总是抱着无限惋惜去探幽发微，大致概括为两重原因：一是观念不合。两人感情生变是微妙的，渐进的。作为作家，两人文艺理念不合。创作方式呢，萧红慢慢地雕刻，萧军"坐窝"就能生蛋。其实这种理由未必站得住脚；二是性格不合。萧军脾气暴躁，太大男人主义，对萧红曾拳脚相向。对于萧红的善感、敏感、多愁而又孩子气的内心世界，粗犷、豪侠的萧军，无心抚慰，更不想去以爱的名义"迁就"。"长不大"的萧红渐渐浪漫与空想多，不会包容，解开了舟，越驶越远。

这年的下半年，萧红为缓解矛盾，去了日本养病。她在乡间幽静安谧的地方，清风明月舐舐着心灵和肉体的双重伤痕，读读书，写写日记，把心情在绿叶，在露珠，在悠然而过的白云上记录下来，然后随水流走，不期望被谁捡到，只需要有承载就行了。忽然就觉得，一朵浪花来了，淹没灵魂，也比让它孤独地裸露好。

鲁迅先生逝世的消息传来，萧红仿佛觉得木屋后面的山崖滑坡了。她失去了唯一的导师，那座灯塔只在她面前闪亮一下，她的航船刚过险滩，灯就灭了。后面的暗礁呢？她蘸着泪和血，写下了《海外的悲悼》等作品深切怀念鲁迅。第二年年初，萧红回到上海，她去祭奠了鲁迅，写下长诗《拜墓诗——为鲁迅先生》，参与萧军编辑的《纪念鲁迅文集》的资料收集事宜。短暂的分离，又面临着共同丧失导师的痛苦，她和萧军的关系略有修复。

五

抗战爆发，上海沦陷，萧红、萧军和东北作家群的端木蕻良、舒群、白朗、罗峰、孔罗荪等青年们相聚武汉。他们住在武昌水陆前街小金龙巷25号的寓所。萧红创作了《天空的点缀》《失眠之夜》《在东京》等散文作品，宣传抗战。

东北作家群的相聚，萧红、萧军的感情又一次发生裂变。端木蕻良的靠近，让萧红产生了一个女人琐细生活的温暖感受。而萧军和别的女性暗通款曲的传闻在她的耳畔再次轰响。生活让他们渐走渐远。

分手的时候到了，仿佛宿命，无法摆脱。他们在行走中，只有站点，没有终点。1938年1月，应李公朴邀请，萧红、萧军和聂绀弩、艾青、田间、端木蕻良等人来到设在山西临汾的民族大学担任文艺指导员。炮声尾随而至，一个月后，萧红、端木蕻良随丁玲率领的西北战地服务团来到西安。萧军徒步二十多天，到了延安。

临汾，是他们人生、婚姻的界点，萧红向南，走得更远。萧军向北，在延安成了红人，最终折翼东北。

4月，萧红与端木蕻良一起回到武汉，两人举行了婚礼。萧红写道："我对端木蕻良没有什么过高的要求，我只想过正常的老百姓式的夫妻生活。没有争吵、没有打闹、没有不忠、没有讥笑，有的只是互相谅解、爱护、体贴。"算是告别，算是希冀。

萧红怀上了萧军的孩子，她和端木蕻良逃到四川江津后，孩子生在白朗家里，几天后夭折。她去了重庆，写下了《记我们的导师》《记忆中的鲁迅先生》《鲁迅先生生活散记》《鲁迅先生生活忆略》等。他们住在重庆秉庄靳以楼下，闹哄哄的环境里，萧红开始创作《呼兰河传》。

1940年初，萧红随端木蕻良飞抵香港，住在九龙尖沙嘴乐道8号。"中华全国文艺界抗敌协会香港分会"为他们举行欢迎会。萧红积极参加香港各界的抗日活动纪念鲁迅六十诞辰活动，从灵魂到肉体，似乎一下子都健康起来。

萧红的《呼兰河传》9月在《星岛日报·星座》连载，再次震动文艺界，成为她创作的第二座高峰。茅盾说它比"像"一部小说更为"诱人"些的东西：它是一篇叙事诗，一幅多彩的风土画，一串凄婉的歌谣。

萧红羸弱的身体患上了肺结核。医院误诊为喉头肿瘤，割开喉管才知道错了。食管无法进食，萧红身体一天一天地坏下去。1942年初，日军占领香港。1月15日，端木蕻良和骆宾基将萧红转入玛丽医院。第二天，回光返照的萧红提笔抖抖索索在纸上写下："我将与蓝天碧水永处，留下那半部《红楼》给别人写了","半生尽遭白眼冷遇，身先死，不甘，不甘。"

1942年1月22日，萧红告别人世。时年31岁。

炮火轰鸣声里，端木蕻良将她的骨灰葬在香港。1957年，迁葬广州。

六

1942年5月1日，延安文艺界举行萧红追悼会，在延安的作家及文化艺术工作者深切悼念萧红。

在延安正当红的萧军不知是否参加了。萧军后来说："她单纯、淳厚、倔犟，有才能，我爱她，但她不是妻子，尤其不是我的。"

萧红临终把她作品的版权分解为：《生死场》给了萧军，散文集《商市街》归了她弟弟，《呼兰河传》给了骆宾基。

哈尔滨市呼兰县建有"萧红纪念馆"和"萧红故居"。

辽宁省凌海市建有"萧军纪念馆""萧军纪念广场"和"萧军公园"。

"东北作家群"的一对冤家、两位领军人物，隔着辽远的时空，对望。

熊十力：我本天外人

——"新儒学家"熊十力的"牛鬼蛇神"

一

熊十力是谁？

《大英百科全书》称："熊十力与冯友兰为中国当代哲学之杰出人物"。这个"当代"多长？应是一百年来。

蒋介石命他的侍从室官员三次厚禄熊十力，请他入智库，为他建研究所。

1949年，董必武、郭沫若驰函邀请他参加全国政协第一次会议，共商国事，并派政务院副秘书长齐燕铭接站，在风景优美的什刹海金丝套地区为他安排一座四合院居住。

什么是新儒学？

蔡元培说："熊十力乃两千年来以哲学家之立场阐扬佛学最精深之第一人。"

他是蔡元培赞誉有加的"国学大师"，四次入北大任教授，讲学足迹遍及国内各种著名的讲坛。

从"草根"到"国学大师"，这样的"牛人"是怎样炼成的呢？

熊十力，原名熊继智，1885年出生在湖北黄冈巴河镇张家湾，父亲是私塾教师，勉强维持家庭生计。熊十力小时候给人放牛，寒暑假父亲教他识字。他把牛放饱了拴在树荫里，偶尔蹲在私塾窗下听讲，屋里的孩子还没懂，他就听得滚瓜烂熟了。一次，他背着草筐回来，随口吟道："举头天外望，无我这般人。"他的父兄大为诧异。十三岁，父亲去世，哥哥把他送到父亲生前好友的私塾读书，他没读半年就跑回来了，受不了约束。十六七岁，他打点包裹，四处"逛荡"，当他读到陈白沙的《禽兽说》时，"忽起神解，顿悟血气之躯非我也，只此心此理，方是真我。"他如醍醐灌顶，找到了人生的价值和追求的方向——"真我"。

清王朝的腐败，无法让一个血脉喷张的青年做书蠹，他要去革命，"先天下之忧而忧"，挽民族于将亡。1902年，他投身武汉新军，策动反清，白天操练，夜晚读书撰稿，期间认识了民国革命前驱宋教仁等，创建武汉第一个革命团体——科学补习所，秘密宣讲革命，倡导反帝反清，救国救民。后加入反清团体"日知会"，因为活跃被通缉。辛亥革命爆发，他任湖北都督府参谋。可是，辛亥革命推倒了一个清王朝，孙中山却被挤掉了大总统宝座，护法又失败了，局势一片混乱。熊十力痛彻心扉，目睹"党人竞权争利，革命终无善果"，常常"独自登高，苍茫望天，泪盈盈雨下"。他认为"祸乱之起因皆在于军阀官僚之贪淫奢靡，卑屈苟且以及国民之昏然无知"。"痛悔以往随俗浮沉无真志，誓绝世缘，而为求己之学"。于是，他决心走出政治怪圈，"专力于学术，导人群之正见"。

熊十力痛苦而华丽地转身。这年他34岁。

三

熊十力的名字出自佛典《大智度论》："六度之业既深，十力之功自远"，用来形容佛祖智慧超群，法力无边。他后来出专著就署名"熊十力菩萨造"，以"菩萨"自况。

熊十力向学，很有定力，虽一文不名，窘迫得像个叫花子，但不改其志。他的学生徐复观回忆道："熊老师年轻时穷得要死，在某山寨教蒙馆，没有裤子换，夜晚洗了就挂在菩萨头上，晾干接着穿。在内学院时，也是长年只有一条裤子，有时没得换，就光着腿，外面套一件长衫，因此人送绰号'空空道人'。"

此所谓"贫贱不能移"也。

他的夫人也很为他的勤学睿智惊叹。据说他们度蜜月，熊十力仍孜孜不倦，还在灯下一页一页地快速翻读，读完了《二十四史》。夫人怀疑他的阅读质量，就把书合上，翻到某一页，熊十力竟能诵读如流。

此所谓"美色不能淫"也。

熊十力要弄清"人本大源"，拜欧阳竟无大师为师，潜心研习佛法。十年一剑，玉汝于成，他撰写的《新唯识论》诞生，一炮走红天下知。"黄冈熊十力菩萨造"，跟佛经的署名"某某菩萨造"别无二致。但是，熊十力的旷世成就，却遭到欧阳竟无甚至整个佛学界的兜头痛击，炮轰他"逆经叛道"。

这位被印度佛学界称为"魔"的佛学大师欧阳竟无痛责"灭弃圣言，唯子真（熊十力号子真）为尤。"他的弟子刘衡如著《破新唯识论》对熊十力学说进行系统驳斥，熊十力拍案而起，挥笔迎战，著《破〈破新唯识论〉》一书，对刘衡如各个击破。他认为自己非但没有离经叛道，反而是对佛学的维护和发展。熊十力的"逆经叛道"，始终没有得到欧阳竟无的谅解。1942年，欧阳竟无病重，熊十力前往探望，同门仍闭门不纳。

熊十力义无反顾地往前走，其后杂糅儒学和佛学，走到了创建"新儒学"更加广阔的天地。如果欧阳竟无大师还在，不知对此又要怎样九死一生地痛苦呢。

但是，《新唯识论》却得到了学界的广泛赞誉，马一浮、蔡元培更是推崇备至。蔡元培立马聘请他为北京大学教授，讲授《新唯识论》。

熊十力借助北京大学的讲坛，确立了他学界的牢不可破的地位。

四

熊十力十几岁开始游学，交际广泛。治学之余，特别喜欢与学界大佬交游，新学旧学，文学哲学，都握手示好，正如他的新儒学要破解宇宙与人类的关系一样，不排拒，也无法排拒。

他与当时的大贤硕儒黄侃、马叙伦、梁漱溟、胡适、林宰平、冯友兰、金岳霖、朱光潜等人，过从甚密，切磋学问。与梁漱溟交往到了三日不见如隔一秋的地步。梁漱溟说："每晤，（林）宰平辄诘难横生，余亦纵横酬对，时或啸声出户外。漱溟则默然寡言，间解纷难，片言扼要。余尝衡论古今述作得失之判，确乎其严，宰平戏谓曰：老熊眼在天上。余亦戏曰：我有法眼，一切如量。"

熊十力善于在碰撞中收获火花，他的许多论点就是在这种辩难问疑中受到启发而产生提炼出来的。赤子率性也常有驳诘无果不欢而散的。一次，梁漱溟拂袖而去，熊十力快步跟上去"奉送"他三记老拳，还骂他是个"笨蛋"。谁有梁漱溟了解老熊？他没有理会就走开了。

废名原名冯文炳，是个有点口吃的名作家，湖北佬，他和熊十力经历相仿，个性独特。两人每次相遇，必是口舌相向，外人听了像吵架，每当论起学术各执一端的时候"始则面红耳赤，大叫大嚷，继则扭成一团、拳脚相加，最后是不欢而散"。一次，两人激烈争吵一番后，突然屋内寂然无声，仿佛力大弦绝。邻居跑来看究竟，两人正滚在地上，掐住对方脖子，咕噜咕噜翻白眼呢。然而，不过三天再聚时，则又谈笑风生，和好如初，如此狂怪而又豁达大度之人，大有竹林之风。

熊十力讲课，或者与友人门生论学，每讲到快意之处，往往情不自禁，动手动脚，会在你始料不及之时，随手在你头上肩上大腿上拍一巴掌，然后仰身哈哈大笑，旁若无人。听熊十力讲课，同学们怕"熊掌"误伤，每次都争先到场，找个远离老熊的位子安静坐下。

抗日战争爆发后，熊十力任教于国民政府为保存民族文化而创办的乐山复性书院，讲宋明理学。熊十力每想到山河沦陷，民族屈辱，生灵涂炭，常常禁不住课上失声痛哭，学子深受感染。为唤起全民族戮力同心，共御外侮，他撰写了《中国历史讲话》一书，宣讲汉、满、蒙、回、藏五族同源，为各民族共同抗日提供历史依据。

五

熊十力的社会影响超越学界，各种政治力量也都不忘对他点头微笑，示以眉眼。

20世纪40年代初，重视宋明理学的蒋介石想让熊十力更贴近自己的政治势力服务，对他表示出特别的关心。他派自己侍从室的亲信徐复观去见他的老师熊十力，并随身带去了100万元的支票，意在支持熊十力建自己的研究所。熊十力顾左右而言他，对弟子嘘寒问暖，忆往昔叙旧情，就是不往"主题"上扯。徐复观美言蒋介石对国学的重视，对老师的尊崇，希望老师建起自己的研究所，把国学更加发扬光大，为救亡图存的民族凝聚力量。一场欢快的师生会，最后还是以徐复观收回100万元支票而告终。

熊十力笑着挥手，不送客。徐复观反复握着他的手，说还会来拜访老师。

徐复观真的言而有信，又来了，来了两次，每次来都带着比前一次更数量可观的巨款。蒋介石不甘心啊，就命令徐复观三顾茅庐请"神仙"。徐复观每次来，熊十力只叙旧，不谈政治，不许谈建研究所的事。徐复观交不了差事，恳请老师收下支票，权当爱护一下学生。没想到老师的"熊脾气"发作了："你给我快走！蒋介石是狗子，是王八蛋！我怎么能用他的钱！你快拿着走！"他指着门外说："当局如为国家培元气，最好任我自安其素。"

六

1949年，熊十力去留两彷徨之际，接到了董必武、郭沫若邀请他参加政治协商会议的函。熊十力从南国广州北上参政，后任二、三届全国政协委员。党内外许多高级人士和老朋友旧弟子常来什刹海四合院探望，熊十力心情舒畅，不但著书立说，而且还非常关心新中国的文化建设，多次致函毛泽东、周恩来、董必武等中央领导人，坚持要建自己的哲学研究所，传播旧学，但都石沉大海。由于他固执己见不肯改造自己，很快便被划为"反动复古主义"的"死硬派"而遭到批判。

1954年，小院寂寞下来。熊十力以北方寒冷难耐为由，定居上海，继续他的"新儒学"著述，每年都有新作问世。虽然没有反响，熊十力也毫不焦躁，他适应了这种冷清。1965年，董必武致信熊十力，推荐他读《矛盾论》《实践论》和《费尔巴哈和德国古典哲学的终结》。他不读，家中不挂毛主席像，只设孔子、王阳明、王船山座位，朝夕膜拜。案上堆叠纸张，提笔狂舞半天，又自己毁掉。他用寄友人的一副对联"衰年心事如雪窖，姜斋千载是同参"表达当时的凄凉心境。

"文革"飓风骤起，熊十力被《人民日报》社论《横扫一切牛鬼蛇神》弄蒙了。不久，他被视为"反动学术权威"横遭批斗。他在淮海中路2068号小楼，被红卫兵轮番抄查，熊十力被推上街头挂牌示众。门上，墙上，贴满大字报。手稿、书籍、收藏，被毁被抄，全家被扫地出门。熊十力回到青云路家中，又被抄家，父子两人同时遭游斗。

熊十力在飓风的漩涡里莫名其妙，不断给董必武、陈毅等写信，异议"文革"，不断地在纸条上、裤子上、袜子上写着对"文革"的批判，以此表达他的不屈服。批斗渐歇，熊十力常常独自一人踯躅街头，晃荡公园，长袍及膝，腰里随意捆着一条麻绳或布条，一路走来，双泪长流，口中念念有词："中国文化亡矣！中国文化亡矣！"实在走不动了，随便一屁股坐地上，在家人搀扶之下才慢慢地转回家去。

1968年，熊十力在家拒绝饮食，后改为减食，以求速死。最后患肺炎，不肯服药，5月辞世，终年84岁。

杨荫榆：永远在桥上
——"全身照"上的杨荫榆

一

校长不是好当的。

校长成全人，像蔡元培。校长毁坏人，像杨荫榆。

我们知道杨荫榆，与鲁迅有关。

鲁迅有不少文章为杨荫榆画像，像一组连环画，画出专横、阴狠、顽固，奴化学生的杨荫榆。鲁迅笔下，杨荫榆是一个反动的教育独裁者。当然，这组画，聚焦1925年杨荫榆的脸部的某个侧面。《记念刘和珍君》使杨荫榆的形象为更多的人认识

（虽然刘和珍死时，杨荫榆已卸任校长七个月了）。鲁迅生生给她定了论，挂了牌，就没人给她取下，摘了招牌。

唯有时光可怕，唯有时光无畏，它会把深藏的东西慢慢打开，着色，褪色；捧起，摔下；扭曲，复原……时光的大手，都别小看。

杨荫榆在鲁迅的帽檐下，渐露眉眼，隔着时空，全貌便显出了。

二

杨荫榆1884年出生在无锡的一个书香门第，幼时在留日的哥哥杨荫杭创办的理化会、锡金公学学习数理化知识，开当地男女同校风气之先。她姐妹一起背着书包，不坐轿子，蹦蹦跳跳的，裙袂飞扬。后来就读于苏州景海女中和上海务本女校。1907年，江宁学务公所录取女生留学日本，杨荫榆成为首批官费女留学生。

作为教师的杨荫榆，和学生情同亲人。她留学告别的场景，杨绛有清晰的记忆："那天我跟着大姐到火车站，看见三姑母有好些学生送行。其中有我的老师。一位老师和几个我不认识的大学生哭得抽抽噎噎。三姑母站在火车尽头一个小阳台似的地方，也只顾拭泪。火车叫了两声，慢慢开走。三姑母频频挥手，

190

频频拭泪。月台上除了大哭的几人，很多人也在擦眼泪。"很多学生都送礼留念，那些礼物杨荫榆多年来珍藏。

1911年，杨荫榆从东京女子高等师范学校理化博物科毕业回国，担任江苏省立第二女子师范学校教务主任。1914年，她担任北京女子师范学校学监。1918年，教育部首次甄选教师赴欧美留学，杨荫榆进入美国哥伦比亚大学攻读教育专业。期间，她被选为留美中国学生会会长、留美中国教育会会长，与杜威、孟禄等接触频繁，深受大师们的熏陶。1922年，杨荫榆获得硕士学位，成为国内屈指可数的女学者，日益引人注目。1924年，她荣任北京女子师范大学校长。

40岁的杨荫榆在学界光彩夺目。第一代官费留学生，第一代教育硕士，第一位国内最高级别女子师范大学校长，其前景和贡献都无法限量。

三

作为女性的杨荫榆，有一个女子的美好。可她不幸的婚姻，给她的人生打上了阴影。对此，她的侄女杨绛先生在《回忆我的姑母》都有平实的记录：

三姑母皮肤黑黝黝的，双眼皮，眼睛炯炯有神，笑时两嘴角各有个细酒涡，牙也整齐。她脸型不错，比中等身材略高些，虽然不是天足，穿上合适的鞋，也不像小脚娘。我曾注意到她是穿过耳洞的，不过耳垂上的针眼早已结死，我从未见她戴过耳环。她不令人感到美，可是也不能算丑……即使她是个丑女儿，也不该把她嫁给一个低能的……老嘻着嘴，露出一颗颗紫红的牙肉，嘴角流着哈拉子的"大少爷"。我不知道三姑母在蒋家的日子是怎么过的。听说她把那位傻爷的脸皮都抓破了，想必是为自卫……她回了娘家就不肯到夫家去。那位婆婆有名的厉害，先是抬轿子来接，然后派老妈子一同来接，婆婆亲自上门来接。三姑母对婆婆有几分怕惧，就躲在我母亲的大床帐子后面。那位婆婆不客气，竟闯入我母亲的卧房，把三姑母揪出来。逼到这个地步，三姑母不再示弱，索性撕破了脸，声明她怎么样也不再回蒋家。她从此就和夫家断绝了关系。那位傻爷是独子，有人骂三姑母为"灭门妇"；那时候，她不过十八周岁。

四

杨荫榆人生的逆转，从人生高峰开始。

杨荫榆初到北京女子师大的形象，许广平后来有回忆："关于她的德政，零碎听来，就是办事认真、朴实，至于学识方面，并未听到过分的推许或攻击，论资格，总算够当校长的了。"

杨荫榆任北京女子师大校长伊始，开始整顿校风校纪。她

192

认为，学生就是要守住书桌，专心学习，不问政治，对学生参与社会活动，一律指斥为"不务正业"。她撰文宣称："窃念好教育为国民之母，本校则是国民之母之母。"一时间这句话被女生当成笑谈，暗地里反讥她为"国民之母之母之婆"。

1924年秋，由于南方洪水、战争，部分学生开学迟到。杨荫榆开始整肃纪律，最后竟开除了几个平时的捣蛋虫。师生哗然，酝酿"驱杨运动"，学校人心动荡。纪念孙中山逝世日，抗议袁世凯的"二十一条"，她都阻止了学生运动。有学生背后骂她是"恶婆婆式管理"，有说她是"毒寡妇式教育"。

第二年5月，教育总长章士钊公开支持杨荫榆"整顿校风"，激起师生更大不满。杨荫榆逆风而上，以校评议会的名义开除学生自治会的几位干事（其中有刘和珍、许广平），接着"五卅运动"爆发，女师大学生组织"沪案后援会"，支援上海人民的反帝斗争，被制止。北京各大学校学生组织游行，声援北师大学潮，砸了章士钊的住宅。杨荫榆校长室被学生封堵，只能在校外办公。暑假，杨荫榆以整修宿舍为由，叫来警察强迫留校的学生自治会成员搬出学校。8月1日，章士钊领着军警护送杨荫榆回校办公，殴打学生，截断电话线，关闭伙房，强行解散入学预科甲、乙两部等4个班。坚守的学生骨干刘和珍、许广平等13人被军警打伤，拖出校门。教育部火上浇油，明令解散女师大，成立国立女子大学。

北京震动，举国哗然。报界沸腾，学界众多知名人士鲁

杨荫榆

迅、马裕藻、沈尹默、李泰、钱玄同、沈兼士、周作人等大做文章，特别是时兼北师大讲师的鲁迅大先生，起草了《告各界书》，接着炮弹连发，从1925年5月10日写的《忽然想到之七》到1925年8月的《女校长的男女的梦》，再到1925年11月23日写的《寡妇主义》1926年4月写就并进入中学课本的《记念刘和珍君》，用他的刀笔大肆挞伐，极尽讽刺挖苦，抛给她各种奇形怪状的帽子。师生捍卫组织纷纷成立。教育部扛不住强大的舆论压力，只好免去杨荫榆校长的职务，收回解散成命，以平息公愤。

和做老师相比，杨荫榆校长是失败的，在任一年又八个月。校长是政治活儿，杨荫榆显然把它当作教职去做。不懂权变，不会圆融，不知进退，更不明白审时度势。"五四"运动始，学生运动是中国政治运动的重要力量，反帝反军阀反黑暗，都冲锋在前，学界的进步分子呐喊于后，成了当时的常态，课桌在时代以外漂移。而杨荫榆不懂这些，她希望学生尤其是女学生埋头书桌，不介入时事，一心向学，知识报国。她的管理方式，更像一位严厉的母亲，对不听话的孩子斥之恶语，棍棒相加，以求得听话和秩序。结果呢，孩子夺下棍子，决绝出走，视如仇人。而况，你不是他们的父母呢？

好心未必会被领情。

蔡元培经历了北大多次学潮，学界、政府都没说什么，辞职，上位，可见，杨荫榆的做法在当时算是逆天之举了。

杨绛总结说，她留美回国，做了女师大的校长，大约也自信能有所作为。可是她多年在国外埋头苦读，没看见国内的革命潮流；她不能理解当前的时势，她也没看清自己所处的地位。

五

杨荫榆以败绩黯然回到苏州哥哥家，孤独地与猫狗为伴，寂寞地读书，唯有和哥哥杨荫杭说说"大事儿"。其间去东吴大学教书，也不为师生待见。《苏州日报》副刊偶尔撩撩她的旧伤疤。十二年弹指过去，那颗跃动着教育家梦幻的心，情何以堪？

1935年，杨荫榆在盘门新桥巷城河边买了一小块地，盖了新居，她就地创办女子补习学校——二乐女子学术社，自任社长，招收女生，以慰其教育情怀。

1937年，日寇占领苏州。哥哥一家和许多人家都逃离了苏州，杨荫榆坚守不走，继续办学。

杨荫榆在盘门的四邻都是小户人家，深受日寇的残暴蹂躏。杨荫榆怒不可遏，用日文书写控诉书递给日军首领，指责日军暴行累累，公然违背国际法的行为。她不止一次跑进日本军营，去见日本军官，谴责他纵容部下奸淫掳掠。日本军官就勒令部下退还他们从盘门一带抢到的财物。街坊上的妇女怕日本兵挨户找"花姑娘"，都躲到二乐社去。杨荫榆都以学生的名分加以保护。人多了，杨荫榆扩地建房，继续收容前来避难的女子。

日本人见杨荫榆会日语，又颇有威望，就请她做维持会长。不会转弯的杨荫榆，严词拒绝。日军恼羞成怒，就报复性地通知要征用她二乐社的房舍。杨荫榆毫不理会，继续她在二乐社的教学活动。

1938年元旦，天阴冷。两个日本兵来到杨荫榆处，大约以有请杨荫榆到兵营商量什么事宜为名，把她请了出来。出盘门，新桥巷，前面就是吴门桥。杨荫榆以她惯常昂首挺胸慷慨四顾的身姿，走在前头，毫无畏惧之感。既是"请"，那就把中国人在自己土地上主人加客人的派头用好。她刚踏上吴门桥中部，枪在她的背后响了，日本兵向她开了枪。她一踉跄，稳一下，趴在了桥栏上。另一个日本兵把她搬过举起扔进河里。河水冰冷，杨荫榆溅起一个大水花，浮起，向岸边游去。日军见状，连发数枪，见河水泛红，杨荫榆沉入水底，才扬长而去。

杨荫榆的遗体被一个给她建房的工人捞起，入殓在一个薄皮棺材里，后来安葬在灵岩山的绣谷公墓。

六

一个在乱世中饱受争议的女人去了，带着她的学识，带着她的坎坷，带着她的不解，带着她的无畏，在吴门桥上永远地去了。

她在历史断裂的两个对接时期的桥上，做她的教育梦，梦破人未醒。她大起大落的人生，在历史转圜的桥上，渐渐轮廓明晰，被遮蔽的部分，渐渐擦亮，还原她的本真。无法唱出的赞歌，就献上花的芬芳。用无数"坏蛋"去抬举一个英雄的历史观，在慢慢风化。

作家陈群说："抗日，有各种方式，有拿枪的，有徒手的，有杀敌的，有斥敌的，杨荫榆的行为，不愧是抗日英雄的行为。"

不以她的结局掩饰她的过去，而她的过去有什么需要掩饰吗？

站在桥上的杨荫榆，在向东向南向西向北，旋转着给历史看。

俞平伯："社团人生"的沉浮
——俞平伯一生中的社团情缘

一

这是个"官四代"。

这是个"学四代"。

他叫俞平伯。如果再往上推，俞平伯冠以"官五代""学五代"，都有据可查。

现代史上，有不少"官三代""学三代"以上的学人。最知名的大约要数俞平伯、陈寅恪了。

二

俞平伯有个后花园。当然，这不是指他曾祖父的"曲园"，而是由他曾祖、父亲筑起的学术园林。

苏州多园林，有个"曲园"。"曲园"是俞平伯曾祖父俞樾的私家园林。俞樾，因园子曲尺形，想到"曲则全"的古训，便取名"曲园"。

俞曲园，浙江德清人，学界名头大：清末著名学者、文学家、经学家、古文字学家、书法家。他的门徒遍及中国、朝鲜、日本，著述500余卷，总称《春在堂全书》，章太炎、吴昌硕及日本的井上陈政都出在他门下。《清史稿》列传。

道光三十年（1850）庚戌科，俞樾中进士，同榜有李鸿章。他以"花落春仍在"应对复试诗题"淡烟疏雨落花天"，受主考曾国藩赞赏而名列第一，授翰林院编修，咸丰帝将他放任河南学政，因被弹劾"试题割裂经意"被削职为民。

俞樾定居苏州，宅门悬李鸿章手书"德清俞太史著书之庐"横匾，主堂命名"春在堂"，文集取名《春在堂全书》。"春在"二字，簪花俞樾一生。

俞平伯的父亲俞陛云随祖父俞樾长大，1898年，以探花进士及第，经济科特试第一，"双进士"，授翰林院编修，做多地市长兼市委书记，清史馆主撰。著有《小竹里馆吟草》《乐青词》《蜀輶诗记》《诗境浅说》《诗境浅说续编》《唐五代两宋词选释》《乐静吟》《清代闺秀诗话》等诗文集。

终生寓居北京。

三

1915年，15岁的俞平伯考入北京大学。这个方头大脸的大男孩儿，像一只小鹿，在校园里跃动着。

1918年，北京大学文科、法科的进步学生为呼应《新青年》，创立了新潮社，创办了《新潮》。新潮，英文"文艺复兴"的意思。校长蔡元培积极支持，批准每月拨两千大洋作为活动经费，还为《新潮》题写了刊名。

活跃在民国文化教育界的汪敬熙、何思源、傅斯年、罗家伦、杨振声、顾颉刚、江绍原、康白情、李小峰、孙伏园都是新潮社的骨干。年龄最小的俞平伯最忙碌，联络奔走，筹集稿件，创作诗文，他都欢呼雀跃地跑在前面，被选为"书记"。

《新潮》是《新青年》兄弟刊，并称新文化运动早期的两朵奇葩，为新思想新文化鼓与呼。18岁的"诗星"俞平伯随着鼓点跃升在"新潮社"天空。继1918年5月，他在《新青年》上发表了中国最早的新诗之一——《春水》（同期发鲁迅先生的《狂人日记》），此后便一发而不可收，为《新潮》创作了新诗《北河沿之春》《春水船》等，白话小说《花匠》《狗和褒章》等

（《花匠》后来被鲁迅先生选入《中国新文学大系》），作为新文学的新星，瞬间晶莹耀眼。

直到1919年毕业，俞平伯长衫灰袍的匆忙身影，还留在北京大学红楼东北角的新潮社。

作为新文学冲锋陷阵的骁将，1922年，俞平伯参加了叶圣陶、刘延陵等编辑出版的《诗》月刊。朱自清同时活跃诗坛，与好友俞平伯一起参加了《诗》刊的工作。

> 五九与六九，抬头见杨柳。
>
> 风吹冰消散，河水绿如酒。
>
> 双鹅拍拍水中游，众人缓缓桥上走。
>
> 都说"春来了，真是好气候。"

这是俞平伯新诗《春水》中的句子。

四

1921年1月，中国现代文学史上的第一个文学社团"文学研究会"在北京创立。发起人是大名鼎鼎的郑振铎、沈雁冰、叶圣陶、周作人等12人，冰心、朱自清、夏丏尊、俞平伯、老舍、徐志摩、刘半农等170多人随即加入了这个"为人生"的文学组织。

中国新文学有了自己的组织。

1919年，俞平伯北大毕业后，除了两次短暂的英美游历之外，多在浙江和上海大中学校教书，长达四年之久。随着阅历日丰，他的创作日渐成熟，发表了名作《桨声灯影里的秦淮河》等诗文，结识了朱自清、郑振铎、叶圣陶等文学研究会主将。这个大本营里，新文学猛将如云，俞平伯创作如蛟龙得水，其间，他和叶圣陶合作出版了散文集《剑鞘》，这是他合作出版文集的开端。

朱自清比俞平伯大一岁，晚一年从北京大学毕业，在浙江第一师范学校相遇，引为终生知己。他们温和、唯美、讲情、重义的人性光辉，相互照耀，风里雨里，没再撒手。同题散文《桨声灯影里的秦淮河》，为现代文学的双璧。俞平伯诗集《忆》，丰子恺为他每首诗配画，朱自清写跋，同造现代文学"三星拱照"佳构。

暖心的佳话，让今天的文学，渴盼暖意故事。

五

1934年，周作人接受日本记者采访说，自己"在文坛上露头角的得意门生"，首推"现任清华教授的俞平伯"。

俞平伯是周作人的学生。胡适、陈独秀都给予新潮社有力支持，而给予新潮社文学指导最多的则是周作人。学生们向他请教多，有些稿件请他定夺。后来干脆推举他做主编，周作人也当仁不让。作为活跃分子的俞平伯，周作人与他关系密切，更重要的是，他们的文学主张接近。

1924年11月《语丝》创刊号出版，标志着语丝社成立。周作人任主编。

从第二年初《语丝》第9期发表《忆之第三十五》开始，俞平伯便把它作为菜园子，植菜种花，菜绿花繁，先后发表12篇随笔，成为语丝风格的主力军。

《语丝》月底聚会，俞平伯几乎每次都参加。"俞平伯善饮，又善品佳肴，尤其是和情趣相投的朋友们在一起，边谈边说，实在是其乐无穷。"

俞平伯的随笔雅淡冲和的风格，很受周作人赞赏，发表于第63期的《梦游》曾被周作人、钱玄同误认为"明人或清初"的作品。

1925年6月，正值"五卅运动"高潮时期，俞平伯在《语丝》第32期发表时论《雪耻与御侮》，强调欲御外侮，必先自雪其耻，与郑振铎就"国耻"问题开展论战。这是文学研究会内部的一场硝烟，茅盾先生站在了郑振铎背后，周作人为俞平伯壮胆打气，一场争论，显示出文学研究会内部的或左或右是文学主张和社会主张的差异。

俞平伯论战的战场在《语丝》。而郑振铎则勒马《文学周报》主场上。俞平伯散文集《杂拌儿》两本多收这一时期的作品。

《语丝》后来移兵上海出版，俞平伯才渐断了丝丝缕缕的联系。

六

1921年2月，俞平伯回母校看老师胡适先生，见胡先生正校勘《红楼梦》，新潮社的顾颉刚正为他四处找资料，读了胡适先生的《红楼梦考证》，便勾起他去英国二十多天邮船上读《红楼梦》的感受和曾祖父俞樾对《红楼梦》的考证，开始与顾颉刚频频通信"剧谈红楼"。1923年4月，整理出版了《红楼梦辩》一书。

也是命该有劫，本来《红楼梦辩》的书稿在马车上颠丢了，竟又被同学苦苦找到出版。于是，一位22岁的"红学家"霍然诞生。

从此，俞平伯和胡适被称为"新红学派"。

从此，俞平伯一生"成亦红楼，污亦红楼"。

1952年，俞平伯应约将《红楼梦辩》加以增删，出版了《红楼梦研究》，一时洛阳纸贵。最高统帅看了，叫人把俞平伯补选为全国人大代表。

岂料两年后，天地翻转，最高统帅突然发起批判《红楼梦》。全国上下，大小报刊，齐吐火舌，口诛笔伐《红楼梦研究》"毒害青年的错误思想"。俞平伯站在了风口浪尖上。

据统计，仅1954年年底前的一个多月里，首都共组织各种层次的座谈会、批判会110多次，发表批判文章500多篇。这期间，俞平伯先生忙得晕头转向——"赶会"——哪里有批判会就被"邀请"到哪里。

俞平伯木木地说，天天都能在报纸上看到我的名字。

1954年11月5日，《人民日报》登出了题为《肃清胡适的反动哲学遗毒——兼评俞平伯研究〈红楼梦〉错误观点和方法》一文。

俞平伯茫然，怎么把胡适拉出来摆前面了？

"黑云压城城欲摧"。1955年3月15日，《文艺报》半月刊第5期刊登了俞平伯的《坚决与反动的胡适思想划清界限——关于有关个人〈红楼梦〉研究的初步检讨》。这个检讨"周扬看过"，发表后，这场轰轰烈烈的叫嚣声从俞平伯耳畔淡去。全国忙别的运动去了。

胡适在大洋彼岸说，俞平伯之被清算，实际对象是我——所谓"胡适的幽灵"！这"幽灵"是扫不清的，除不净的。可惜那些徒子徒孙要为我受罪了。

"文化大革命"期间，俞平伯作为"反动学术权威"被抄家、批斗、赶往干校。晚年俞平伯慨叹其学术生涯用"只有旧醅，却无新酿"八字概括。

"新红学派"是别人封的，不是社团，没有挂牌子，打旗子，山雨袭来时，才知道，这"派"比"社"厉害。

七

俞平伯是个骨灰级的昆曲迷、昆曲革新家。他自己成立了"谷音社"弄昆曲。这"谷音社"是自己家里的社团。

北大求学期间，俞平伯就向吴梅教授学唱昆曲。1917年结婚后，算是落入昆曲的风暴漩涡里去了。妻子许宝驯多才多艺，更是昆曲好角儿，扮相唱腔俱佳。岳父是世家，一家人就是一个昆曲剧团。

俞平伯结结实实聘请昆曲艺术家到他家老君堂"拍曲"，每周两次，潜心学习。搬入清华园后，把书房取名为"秋荔亭"，做成清华昆曲爱好者的排练厅，邀请笛师何金海吹笛，约校内外昆曲同好来度曲清唱。常常许宝驯唱曲，俞平伯拨着三弦，夫妇搭起古都昆曲舞台。暑假里，俞家连年在清华大学"工字厅"水轩公开演唱《紫钗记》《单刀会》和《玉簪记》中的曲子。俞平伯取"空谷传声，其音不绝"之意，正式在家里成立"谷音社"。

1954年"批红"之后，俞平伯寄生命于昆曲，每周四上午，夫妇俩就请上笛师伴唱，来了客人，也要一曲唱罢才接待。夏天坐公共汽车或三轮车去颐和园，"租了人工摇的乌篷船，带了笛师，带着吃喝的东西，把船漂在后湖上唱曲子。一群游客围着听，都觉得很惊奇"。

俞平伯还改编排演了《牡丹亭》，与弟子精心整理校订，使这部结构冗长的名剧，焕发了勃勃的舞台生命。1958年10月2日在北京试演了一场，周恩来总理亲临观看。演出结束，周恩来总理上台与大家合影，却找不到俞平伯。他是上台了，可他取了自家的三弦又走了。周总理笑笑。周恩来总理在那段时期，共看过三次俞平伯的昆曲演出。

俞平伯夫妇从豫南"干校"回到北京后，俞家优雅的昆曲再度响起。

75岁那年，俞平伯新创作了《鹧鸪天·八十自嘲》词，曲友们在俞家雅集清唱。

1979年12月，北京昆曲研习社恢复活动，俞平伯出席了首次演出招待会，卸任1956年成立的北京昆曲研习社社长一职，为昆曲名家俞振飞著的《振飞曲谱》作序。

八

俞平伯80岁时，口占两句：历历前尘吾倦说，方知四纪阻华年。

俞平伯参透了世事，干脆拨着三弦唱起来，雅音也好，破嗓也好。

他活了90岁。

《红楼梦》中有偈语"好便是了，了便是好"。

"好了"，一切都过去了。

周有光：比她们更"有光"
——合肥"张氏四姐妹"与他们的夫婿

一

合肥"张氏四姐妹"，是指张元和、张允和、张兆和与张充和。

论者称：她们是中国最后的大家闺秀，中国最早的新女性。

叶圣陶先生说："九如巷张家的四个才女，谁娶了她们都会幸福一辈子。"

那么，这四个才女，都被谁娶了去呢？他们"幸福一辈子"了吗？

二

2015年6月18日，张家四妹张充和在美国逝世。

诗人祝凤鸣认为，"张充和的离世，更多被解读为一个风雅时代，一个闺秀时代的终结。"

张充和74岁的侄子张以永认为，"大家闺秀"必须先有"大家"，才会有"闺秀"儿子跟上，这种大家不仅是家庭殷实，更重要的是文化底蕴厚实。

张家，是一个什么样的"大家"，孕育了如此"闺秀"呢？

张氏姐妹的曾祖张树声，是淮军的二号人物，历任两广总督，署理直隶总督，漕运总督，通商事务大臣，和李鸿章一样，都在老家合肥广置田宅。张树声不是草莽，书香门第，廪生资质，胸怀大志，是清末思想开明、极有远见的重臣，著有《张靖达公奏议》8卷，《张靖达公杂著》1卷，《庐阳三贤集》16卷。

父亲张武龄是个"忏悔型贵族"。张家在合肥良田万亩，这个饱读诗书的大地主发誓终生不做官。他洁身自好，不烟不酒，不赌博，不纳妾。为了换一种呼吸，他迁居上海，后定居花柳繁华的苏州，独资创办平林中学、乐益女中。凡穷苦人家子女，一律不收学费。学校设立数理化科，学风浓厚，空气澄明。张武龄醉心在书香和读书声里，成为近代教育实业家。

张武龄是铁杆的昆曲爱好者，家里延请名伶尤彩云为女儿们拍曲授艺，昆曲成了四姐妹终身雅好，影响了她们的婚姻和事业，也是大家闺秀的国艺头牌。

张家的藏书，多、新，在苏州是有名的。买书带上仆人背，书肆送书上门，年节由管家结账。张家的书城，任由孩子自由翻阅，父母从不限制。

张家四女六子，女儿的名字下都有"两条腿"，意在让她们独立走好自己的路。

在新旧教育的断裂和衔接上，张家教育既没碳化古董，也没有新的疯狂。这个分寸的拿捏，值得"五四"之后教育深刻地总结、反思。

三

顾传玠是谁？不研究昆曲，恐怕难以回答这个问题。喜欢昆曲的，恐怕没有不知道顾传玠的。

顾传玠是现代昆曲最著名的全行小生，20世纪30年代的上海，名气和梅兰芳齐芳，是昆曲界的光华、闪电。当时报纸评价："一回视听，令人作十日思。"他的演出，剧院"座无隙地"，一时倾倒多少粉丝，红极半个天。

今天提起他，恐怕要借他夫人的名气了。

他的夫人是张元和，张家四姐妹的大姐。

张元和在上海大夏大学读书，典雅高贵，成绩优秀，被称为"大夏皇后"。张元和喜欢昆曲，希望能在大世界剧院看到顾传玠表演的《拾画叫画》，就冒冒失失地给他写信。谁知不久接到顾传玠回信，定于某月某日在大世界演出该剧。女孩子惊喜若狂，在大世界舞台上，张元和领略了顾传玠翩如惊鸿的台姿，婉转清丽的唱腔，异常震惊。从此，她和三五粉丝结伴，追梦顾传玠成了周末的必修课。

这年顾传玠20岁，张元和22岁。

因了昆曲，顾传玠和张家时有来往，广有结缘。家中人都看出大小姐和顾传玠眉目传情，但是，都止于心领神会。顾传玠如日中天时，很快抽身退出演艺界，到大学深造，毕业后，做大学教师，上海顾氏烟草公司副经理。时光飞转，由于家庭背景的巨大差异，张家没谁洇湿一层窗纸，谁也不愿提及。爱昆曲是时尚，而昆曲艺人却地位低下。

时光熬到1939年，32岁的张元和与顾传玠在苏州幔亭曲社结成百年之好。一时成为耸动性新闻，但是，张元和再也不管不顾"牛粪鲜花"之比。婚后，他们租住上海愚园路。漫漫相爱路，共同携手走，甜甜蜜蜜过。周末，夕阳投照的阳台上，三弦悠扬，耳鬓厮磨，磋商演艺，同台"彩串"《长生殿》，让人惊为神仙眷侣。

张元和是昆曲虹社社员，每有活动，顾传玠拨冗随往，为曲友吹笛，偶或一展歌喉，便是满堂喝彩。1948年5月，全家移居台湾，在台中经商为业。商务之暇，仍参与业余昆曲活动，为当地昆曲爱好者拍曲授艺，应东海大学之邀，向学生传授《牡丹亭》，姑苏昆剧在台湾一脉传播开来。

1965年1月，顾传玠在台中逝世。

1972年，张元和与子女移居美国，把昆曲作为家宝带去，创办昆曲社，传播昆曲，培养人才，与曲友登台义演，还经常应邀到美国各大学演出，把这颗戏剧"艺术中的艺术"种子播撒在异国他乡的土地上。

80岁以后，张元和还客串出演了电影《喜福会》。

四

周有光是现代著名的经济学家、语言学家，"汉语拼音之父"，曾留学美国、日本，历任上海大学、北京大学、中国人民大学教授，著作等身。110岁了，笔耕不辍，时有惊人之语。

如此大家，常常还被张允和的名字遮住光。张允和耄耋之年，接受电视台采访，笑语声喧地指着老头子说："我比他还有光！"

周有光出生在常州世家，巨额财富在支持抗击太平天国的保城战斗中，悉数捐出。周有光成了顶个名号的落魄贵族后裔。

周家和张家是世交。当张允和转学到光华大学时，比他大四岁的周有光也正在光华大学读书。此后他去杭州，1931年张允和到杭州之江大学借读，两个人已经正式进入"恋爱季"。

张允和娇俏美丽，天资聪颖，走到哪里都是焦点。年轻时没见过的，人说，你怎样想象她的美丽都不过分；年老了，人说，你怎样想象她年轻时的美丽都不过分。1933年，两个年轻人正式结婚。周有光说，我是穷人，会连累你。张允和答，幸福是两个人共同创造的，我不是去享你的福。算命先生一掐，说两人的八字相克，都活不过35岁。张允和说，就说他们的孩子将来贵气。没想到，两人携手走了70年。

张允和敢于冒险是出了名的，知情的人说，她比周有光勇敢，很多时候，她是周有光的保护伞。

抗战前夕，著名"爱国六君子"沈钧儒等被关在苏州监狱，张允和敢去探监这些钦点的犯人，送衣送被送日用品，甚至把自己的家办成秘密接待站，直到他们出狱。她说："天下兴亡，我尽了一份匹妇之责。"抗战期间，与周有光先生经常不在一起，她独自率领自己和亲戚家老少十几口人辗转迁徙，后来又经历了丧女伤子的劫难，她硬是撑下来了。1949年后，因为资本家小姐、海外关系等因素，渡尽劫波，挨批斗，下放，失去工作，收容接待命运相关的人，她样样都敢做。放在今天，她就是十足的"女汉子"，实在说，敢拼一把去挣钱，跟关于威武不屈的精神强者比，差距何止千万。

等风云散去，重拾爱情的蜜意柔情。张允和常说，多情人不老，多情到老人更好。79岁的时候，她提笔撰写与周有光定情

213

全过程的美文《温柔的防石浪堤》，"蓝蓝的天、甜甜的水、飘飘的人、软软的石头。"

2002年8月，张允和安然离世，享年93岁。人们与她最后告别，她仍然是一袭紫衣，盘发依旧，阖目如睡……

告别人世前，她拉着周有光的手慢慢道："16岁相约看海，你送我英文本《莎士比亚戏剧》，我哪看得懂啊。翻了，才见到里面有个纸条……"

张允和墓地种了一棵小枫树。她曾说，最喜欢由绿叶变成红花的枫叶。

周有光每望着小枫树喃喃自语，我什么都想得开，就是她去了想不开。

五

读沈从文作品，会记得"亲爱的三三"。"三三"即张兆和，张家的三小姐，沈从文的太太。

张兆和，英文讲得比苏州话还熟溜，皮肤略黑，五官秀丽，人赞"黑牡丹"。张兆和在上海公学读大学，邂逅了他的文学老师沈从文。沈从文疯狂地爱上了张兆和，三年里不知为她写了多少发烫的情书，张兆和一封一封地收好，装着不解风情的样子，不予理睬。一天，有点扛不住了，抱了一怀情书去找校长胡适告状，说自己还小呢，不想考虑这些事。胡适说，沈从文是有才华的作家，将来会名书丹青的。至于小么，人家又没让你马上结婚。

"不管他的热情是真挚的，还是用文字装点的，我总像有我自己做错了一件什么事，因而陷他人于不幸中的难过。"张兆和有点没了主张。暑假里征求父亲意见，父亲当即允诺。张允和出门打份电报给到青岛大学教书的沈从文——"允"。张兆和哭笑不得，生怕沈从文看不懂，随后羞答答悄悄拍过去一份电报——"乡下人喝杯甜酒吧。兆"。于是，二人结了婚。

张兆和是四姐妹中最有文学才华的人，著有短篇小说集《湖畔》《从文家书》等。毕业后任教北京师范大学附中、师大二附中，《人民文学》编辑。

1949年以后，"资产阶级文人"沈从文历次政治运动都战战兢兢，无法过关，自己主动斩断文学情缘，在故宫里像一条湿虫，像暗地里模糊的影子，做着古代服饰研究，兼打扫厕所。一个民国知名教授，一个新文学独树一帜的作家，自杀过，萎靡过，疯狂过，都因为他身边陪伴着一位民国女神，而坚强地活了下去。最困难的时候，他会喃喃自语"回湘西去，我要回湘西去"，像个孩子。张兆和总会拿起他们婚后第一次分离的湘西书信加以劝慰。

梦魇般的时光过去，沈从文作品得以重新出版，年轻的文学爱好者竟不知沈从文是谁了。时事，让一位大作家磨灭了光华，也让那朵"黑牡丹"白发苍苍。1988年5月，饱经沧桑的沈从文离开人世。2003年2月，沈从文百年诞辰过后，张兆和也溘然长逝。

张沈的似水姻缘，令人感慨万千。

感谢岁月，它复活了一段岁月里的沈从文和张兆和如花美眷的生活：让三三和那个乡下人的所有美好，在风浪摧残之后，浮在水面上开成莲花。

六

张充和17岁时，认识了《断章》诗人卞之琳，他们的诗意一再发酵，却没有演绎出绝世爱情。

张充和嫁给了美籍德裔犹太人傅汉思。

张充和入北京大学是个传奇，一手好文章，一手好书法，经胡适推荐，便被录取了。

傅汉思精通德、法、英、拉丁文和意大利文，加州大学博士，到中国学习汉文，研究中国历史和文学。是个中国爱、中国通。

1949年，张充和与傅汉思定居美国。傅汉思在耶鲁大学教中国诗词，张充和教中国书法和昆曲，夫妻俩把真正的中国艺术带到了美国的顶尖学府，普及、光大。美国学生把中国书法当"画画"，张充和把美国课堂当舞台，展示和演绎汉字与书法的博大精深。她以昆曲作为中国文化的精妙符号，在加拿大、法国和港台的23所大学以及各学术所讲授、示范演出昆曲。

张充和本色是诗人，中英文诗集《桃花鱼》是她的代表作，其诗词由丈夫傅汉思亲译，堪称伉俪"双璧"，在美国再现民国文坛的"合璧"佳话。

张充和独缺数学的"多才多艺"，深得梁实秋、沈尹默、欧阳中石的赞许：明人晋字风范，格调极高。2005年秋，90岁的张充和登陆北京举办个人书画展，时光不夺光芒，张充和镜片后的双眸仍投射出矍铄的光芒。《南方周末》以《张充和：世间这样的老太太不会再有》为题，作长篇报道，大有绝色、绝唱、绝版的意味。

张充和逝世，结束了一个时代。

"大家闺秀"，彩袖飘摆，以"合肥张家四姐妹"的特殊方式，告别了永远无法复制的时代。

周作人：两留"苦住庵"的惨淡人生

——周作人三变书房名的人生际遇

一

现代文学史上，夫妻作家不少，多是一方倾慕一方，志同道合，走到了一起。兄弟在文坛呼风唤雨的不多，怕只有周氏兄弟，即鲁迅和周作人了。

半个多世纪以来，特别是"文革"时期，鲁迅已被叫到天上去，似乎爱不爱文学似乎都知道他的成就有多高，他对中国革命有多重要。而周作人呢，自沉沟底之后，时光帮助他冒着气泡慢慢上浮，囫囵出一个人样来，但是，还是冒着臭气。这身打扮和气味儿，是从"卢沟桥事变"开始的。云泥之别，兄弟两重天的，怕也找不出第二个。

1937年上半年，华北的气氛充满了火药味，谁都能嗅到火药库爆炸前的可怕气息。北平陷落是迟一天早一天的事儿。敏感的知识界精英都彷徨在"走"与"留"之间。坚定不走的怕不多，周作人是一个。他撰文引用佛经上的话说："乐行不如苦留。"并且将自己的书斋进行第三次改名——由早年的"苦雨斋"到兄弟反目的"苦茶庵"，到现在的"苦住庵"。

更改斋名，无疑是一份宣言书。

7月29日，北平沦陷。北京大学宣布南迁。北京大学的校长蒋梦麟、文学院院长胡适等大批学界名流，一起撤离北平。北平几乎成了中国学术的空城。

南奔的队伍中，没有发现周作人的身影。这位学界名流，难道真的在北平苦住下来？人们纷纷猜测着。周作人不止一次称日本是"他的第二故乡"，他的妻子羽太信子是日本人，他和日本军界、著名的特务头子土肥原贤二关系密切。他自己在日本文化界和他的大哥鲁迅一样有很大的影响。这期间，他不时有"主和"的论调唱唱。

难道他真的留在了倭寇把持的北平？

鲁迅曾经骂周作人"昏"。后来很多人借鲁迅的"一字诀"评价周作人早想做汉奸而不得。说实话，周作人留下来并不是想做汉奸，让日本人去发现，扶持，他只是想退回书斋，过他认为"自由的、个性的"完全自我的生活。在他心里，"友好的日本人"会很爱惜他，至少不会动他。他是个很自怜的人。谁的主义可靠呢？躲在书斋成一统再说。也许，日伪期间，会再造一个文化巨人周作人出来。

他自我设计着。他主动和主持文化基金会的胡适联系，订立每月交两万字译稿、对方给200块大洋的工作合同，埋头翻译《希腊神话论》。他又托人在美国人办的燕京大学谋得客座教授的职位，工作换大洋，维持一家生计。他和日本人保持撑持的距离：辞伪满洲大学教职，辞伪女子师范大学教职，辞伪北京大学校长兼文学院院长之职，辞宴会，辞约稿，辞邀访……周作人似乎真的躲进书斋，躲开主义，逍遥地过"爱我所爱"的生活了。

他的大哥鲁迅曾尖锐地批评所谓"隐士"："假如无法啖饭，那就连'隐'也隐不成了。""隐逸"于市朝的周作人很快遇到了"啖饭"的问题。周家过惯了阔日子，手一紧，饥腹之苦难以忍受的。柴米油盐，左支右绌，甚至出现了到煤店、米店赊借的程度。周家的日子穷不起，一穷就起内讧。不知道他自己能不能坚持绝不"心为形役"，至少他的老婆孩子是做不到像陶渊明那样趴在园里吃菊花的。

周作人的心动了。老僧不能禅定，他开始试水。

1938年2月9日，周作人长袍马褂出席日伪召开的"更生中国文化座谈会"，并合影。全国文协发表《给周作人的一封公开信》，强烈谴责，殷殷呼唤，劝他南下。周作人彷徨着，犹豫着，虚与委蛇。他的这次行动可以看作举出去的风向标，没想到风力如此强劲。

其实，那一阵枪声，周作人就彻底倒向了日本人怀里。1938年元旦，一个自称是他学生的年轻人，在他的客厅里照准他的肚子连开两枪，伤亡数人，逃之夭夭。两枪打在了周作人的铜纽扣上，轻伤，但枪声里他已经魂飞魄散。1月12日，他接受了北大图书馆馆长的聘书，3月28日，接受了日伪委派的北京大学文学院筹委会委员职务，8月，接任北京大学教授、文学院院长的职务，和日本的宪兵队长、伪华北政府官员往来宴请，频繁酬唱。

周作人事敌，是日伪文化侵略的大胜仗。他没有舍生取义，杀生成仁，卑躬屈膝的直接报酬是家里的物质丰富起来，在铁蹄下哀哀的亡国奴世界里，他却过上了阔人的生活，更新屋宇，轻裘肥马，大宴宾客，光仆人就增加到23人。"苦住庵"前，门庭如市，车水马龙。

1940年底，汪伪政府正式委派周作人为华北政务委员会委员、教育总署督办。周作人"完全下水，痛快洗澡"，彻底走向了民族大义的敌对阵营里去。他开始忙于各种教育会议，推行"大东亚共荣"的奴化教育。他头戴日本军帽，身穿日本军服检阅所谓的"中华民国青少年团"团队表演。他为汪精卫南京祝寿，拜访汪的老婆陈璧君，视察江南，成了汪伪政权首屈一指的文化红人。1943年十分洋洋自得地任汪伪政权的国府委员。参加日伪组织的各种活动，其活跃的程度、受宠的程度，让那些多年的铁杆汉奸都眼红得出血。

铁杆汉奸可以成林，但更注重民族大义的大文化铁杆汉奸可是难找第二个。

1945年8月15日，周作人从广播里听到天皇下令终止战事的声明。17日晚的日记或可以反映他此时的心情："赴政委会之宴（这大概是'最后的晚餐'了吧？）。"这声悲鸣之后，周作人沉入"苦住庵"，开始了他的"苦味儿小品文"的写作，一边为自己辩护，一边等待着。12月6日，逮捕他的枪口指着他的光脑袋时，他嘟嘟囔囔说："我是读书人，用不着这样子。"入狱时，他60岁。

1947年12月，以"通敌卖国，图谋反抗本国"罪，周作人被判处有期徒刑10年，拘押在南京老虎桥监狱。在南京解放的炮声里，1月26日，周作人被释放。他随着滚滚逃难的人流，躲到上海去了。

二

为周作人受审开脱罪责的胡适在上海想见周作人，约他一同去台湾。周作人刚从国民政府的监狱里出来，心里有隔阂，他想换一种活法。他婉拒了，北上。

他住进了那个被他得意地换来换去的"苦雨斋"、"苦茶庵"、"苦住庵"的书斋里。

周作人北上前，煞费心机地做了一番铺垫，给周恩来写了一封长信，六七千字，赞美共产党，对自己有所忏悔。据说，周恩来把信转给了毛泽东。毛泽东说，文化汉奸，又没杀人放火，留着翻译希腊文吧。信批到人民文学出版社社长冯雪峰手中，冯雪峰很不屑："如果有一点自知之明，是不应该写这样的东西的。"但是，上峰有安排，冯雪峰每月给他200元的稿费，周作人开始为人民文学出版社翻译《希腊的神与英雄》等文稿。

昨日的时光恍如梦幻，周作人重新开始了文人的笔耕生活。受人提醒，为《亦报》撰写有关鲁迅和鲁迅作品的文章，先后成集《鲁迅的故家》《鲁迅小说里的人物》《鲁迅的青年时代》。鲁迅逝世20周年，包括《人民日报》在内的各大报刊都发了周作人的回忆鲁迅的文章。周作人借鲁迅火了一把。不知周作人借兄弟名分写一个让他赶出八道湾并极尽憎恶的兄长作为赚钱糊口的材料时，心里是怎样的滋味？

1956年，人民文学出版社约曾经在北平的"文化汉奸"王古鲁、钱稻孙、周作人等去西安参观。先后游览了西安的一些名胜古迹和国棉四厂、新西和印刷厂和桃溪堡村。周作人很兴奋，说："大开眼界，耳目一新。"

物质匮乏的1959年以后，周作人一家和千千万万中国的普通家庭一样很快陷入困境。这个阔惯了几十年的"老旗手"，面对困境，他四处哀哀求助，乞食为生。把自己年轻时潜心收藏的古玩拿出卖了，直至把从来秘不示人的"日记"都委托人插草卖出。幸好在香港做编辑（当然还肩负其他使命）的老友曹聚仁回大陆时和他取得了联系，给予了多方面的救助，把他的稿子发到香港去换钱，给他寄来了油、糖、糯米等稀缺物资。周作人对此无限感激"人家的惠施"。

1961年至1962年，周作人赶写《知堂回想录》，留存史料，想为自己的一生不怎么灰暗地画个画像。1964年，他突然预感到了什么：散文小品集《木片集》三校样稿都已经送出，却突然毁版。他的文章在大陆的报刊再也发不出去了。

1966年8月23日，身患癌症的82岁周作人正在迷茫地阅读《毛泽东论文艺》，意在寻求一盏明灯。

24日，一群身穿军装，臂戴红袖章的红卫兵呼啸着冲进八道湾11号，宣布对人民死敌周作人"实行无产阶级专政"。先抄家，后批斗。可怜衰朽的周作人瑟瑟抖着，已经斗不上手了，就罚跪。查封了他的卧室、书房和客厅，把他撵到潮湿狭窄的厨房里，每天只有些棒子面充饥。他凄惨的场面被鲁迅博物馆的叶淑德记录了下来：

"昔日衣帽整齐的周作人，今日却躺在搭在地上的木板上，脸色苍白，身穿一件黑布衣，衣服上钉着一个白色布条，上面写着他的名字。此时，他似睡非睡，痛苦地呻吟着，看上去已无力站起来了，而且几个恶狠狠的红卫兵拿着皮带用力地抽打他，叫他起来。"

周作人再也起不来了，再也没有起来。

1967年5月6日16时，周作人在他的"苦住庵"隔壁，咽下了最后一口气。

叫"苦雨斋""苦茶庵""苦住庵"的小房子还在，在八道湾11号"鲁迅故居"内。实际上它是周作人的书斋，在这里，他风云激荡过，躬身事敌过，最后凄惨地在这里死去。

"苦雨斋""苦茶庵"里的周作人是历史的，"苦住庵"里的周作人是历史的。有时假想，倘若周作人南下，南下，没有"苦住庵"一说，周作人又将怎样呢？